Biblioteca de Filosofía del Derecho

Carlos Alarcón Cabrera
(Director)

Carlos Antonio Agurto Gonzáles
Sonia Lidia Quequejana Mamani
Benigno Choque Cuenca
(Coordinadores Generales)

Sergio Cotta
Profesor Emérito de la Universidad de Roma
«La Sapienza»

Itinerarios humanos del Derecho

Edición al cuidado de
Carlos Antonio Agurto Gonzáles
Sonia Lidia Quequejana Mamani
Benigno Choque Cuenca

Ediciones Olejnik

Título: Itinerarios Humanos del Derecho

Huérfanos 611, Santiago - Chile
E-mail: contacto@edicionesolejnik.com
Web site: http://www.edicionesolejnik.com

Primera edición en Ediciones Olejnik: 2019

ISBN: 978-956-392-671-2

Diseño de Carátula: Ena Zuñiga
Diagramación: Luis A. Sierra Cárdenas

Impreso en Argentina 2019 Printed in Argentina

ÍNDICE

V.
INOCENCIA Y DERECHO

VI.
EL NOMBRE DE DIOS EN EL LENGUAJE JURÍDICO

ESTUDIO INTRODUCTORIO

Las líneas que siguen pretenden destacar los puntos fundamentales que inspiran la obra de Cotta, los rasgos esenciales comunes a sus distintos trabajos, con el fin de poner de relieve la continuidad y coherencia de su pensamiento, sin entrar en un examen particularizado de cada uno de ellos, por exigencias lógicas de espacio. Ello parece especialmente interesante en una obra que por su riqueza de matices y su apertura a lo vivido podría parecerle al lector no avezado fragmentaria y ocasional.

Para ello quizá convenga comenzar exponiendo su propia concepción de la filosofía y de la filosofía del derecho, para tratar después de sus aportaciones de acuerdo con tal concepción.

Para Cotta, al fijar la misión de la filosofía del derecho se deben evitar dos errores muy frecuentes e igualmente graves, aunque de opuesto significado: concebirla como «filosofía aplicada» y concebirla como «filosofía especializada». De acuerdo con la primera concepción, la función de la filosofía jurídica se reduciría a encontrar el sentido del derecho, aplicando deductivamente una determinada concepción del mundo, que vendría ofrecida por la llamada «filosofía general» (bien fuese esta la lógica o la metafísica). Ello implicaría la reducción de la filosofía del derecho a pura aplicación mecánica, perdiendo su genuino sentido filosófico. De ahí que los autores que la han planteado en estos términos no hayan podido captar la especificidad de lo jurídico, debido a su sistematismo, y hayan acabado generalmente por negar el valor de la filosofía jurídica. Ello es lo que ocurre con los dos máximos representantes del neohegelismo en Italia: Croce y Gentile. De acuerdo con la segunda, la filosofía del derecho debería reducirse al estudio del derecho, prescindiendo de toda referencia a otras disciplinas, considerando su investigación como autónoma y autosuficiente. Con ello se aboca a una fragmentación de la filosofía en parcelas separadas, sin comunicación entre sí, impidiendo la captación del sentido del derecho que solo puede lograrse relacionándolo con el resto de experiencias humanas[1].

La superación de estas dos actitudes, la basada en el *esprit de systeme*, propia del racionalismo, y la basada en la especialización, propia del positivismo, que quiere aplicar a la filosofía las ventajas obtenidas por la especialización en el campo de las ciencias, se logra en Cotta a través de una concepción de la filosofía entendida como reflexión hermenéutica sobre el significado de la experiencia.

El punto de partida de la reflexión filosófica, para el profesor de Roma, estriba en la necesidad de atender a la experiencia en su total integridad, tanto a «la

---

1 *Prospettive di Filosofia del Diritto* (Turín, 1971), p. 111-19.

experiencia interior del individuo (la dimensión de lo profundo)» como a «la experiencia histórica de la humanidad (la dimensión de la permanencia)»[2]. Tal atención a la experiencia no es fin en sí misma, sino medio para lograr una adecuada comprensión del ser del hombre. Análogamente a lo que ocurre en un Heidegger o en un Capograssi —autores cuyas conexiones él ha puesto de relieve[3] y que influyen en su obra, singularmente el segundo— la atención a lo óntico y a lo histórico es fase previa a la captación del sentido último de las cosas y muy especialmente del estatuto ontológico del ser humano.

Ahora bien, dada la complejidad y riqueza de la vida humana, esta solo puede ser captada adecuadamente si es enfocada desde distintos ángulos visuales. Ello permite comprender la importancia y la dignidad de las llamadas «filosofías particulares», cuya distinción estriba, más que en la diversidad de sus objetos, en la diversidad de sus perspectivas. Así, la tarea que compete a la filosofía del derecho no puede ser otra que la de analizar el testimonio que la experiencia jurídica ofrece del ser del hombre; es decir, se trata de lograr «el conocimiento del hombre en su integral humanidad desde la perspectiva del derecho»[4]. «La filosofía del derecho debe considerar la actividad jurídica en toda la riqueza y originalidad de sus manifestaciones peculiares... con el fin de captar en ella una actitud esencial de la experiencia humana»[5]. La filosofía del derecho aparece por tanto como filosofía *desde* el derecho y no sobre el derecho, viniendo a aportar elementos de gran interés para la elaboración de una auténtica antropología filosófica. Este intento de comprensión del hombre desde el derecho aparece como uno de los temas fundamentales del presente libro, así como de algunos otros trabajos del profesor Cotta., como el que lleva el significativo título de *La testimonianza giuridica: sui generis o humani generis?*

Pero si ello implica superar la concepción de la filosofía del derecho como «filosofía aplicada», la pregunta básica de la filosofía jurídica, la de las relaciones entre derecho y vida humana postula la necesidad de superar la concepción «especializada» de la misma, que insistiera demasiado rígidamente en los límites de esta disciplina. Según nuestro autor, «la definición de una disciplina que se expresa en los términos de una sospechosa *actio finium regundorum* y de una pundonorosa reivindicación de autonomías, ha sido superada históricamente. Lo que hoy interesa sobre todo es precisamente la relación en el sentido auténtico de la palabra, es decir, aquel contacto, intercambio y a menudo complemento de las investigaciones y de sus resultados, que son exigidas por las necesidades mismas de la vida»[6].

Veamos ahora de qué modo ha realizado este ambicioso programa propuesto a la filosofía del derecho. Pero antes bueno será ya que registremos sus datos biográficos. Nacido en 1920 en Florencia, Sergio Cotta obtiene en 1956 la Cátedra de Filosofía del Derecho de la Universidad de Perugia, de donde pasa a Trieste en 1959, a Florencia en 1963 y finalmente a Roma en 1964. Es además miembro del *Institut International de Philosophie politique* y de la *American Society for Political and Legal Philosophy* y socio correspondiente de la Academia de Ciencias de Turín. Desde 1968 dirige la *Rivista Internazionale di Filosofia del Diritto.*

---

2 *Prospettive*, cit., p. 39.

3 Prefazione a CAPOGRASSI, *Incertezze sull'individuo* (Milán, 1969), p. XIV. Véase además *La philosophie du droit en Italie et ses problèmes* en *Etudes philosophiques*, 1971, p. 163 ss.

4 *Prospettive*, cit., p. 127.

5 *Prospettive*, cit., p. 124.

6 *Itinerarios humanos del Derecho*, cap. III.

Dejando aparte sus agudos y matizados estudios sobre historia del pensamiento jurídico y político, que ocupan un puesto importante en su bibliografía de los primeros años y en los que se aprecia la amplitud de sus preocupaciones, así sus libros sobre San Agustín y Santo Tomás, sobre Montesquieu y Filangieri, sus trabajos sobre Rousseau, Hegel y Bergson[7], el resto de su obra escrita demuestra una constante atención a los problemas centrales de nuestro tiempo, tales como la técnica, la violencia, el poder y la participación política, la revolución ecológica, la guerra nuclear... Desde esta perspectiva resulta evidente que Cotta hace suya la advertencia expresada por Hegel en el prólogo a su *Rechtsphilosophie* sobre la necesidad de que el filósofo medite sobre su propio tiempo. Sin embargo en modo alguno puede ser calificada su filosofía de historicista: «La inmersión total en la historicidad lleva a considerarlo todo mudable y aleatorio y por tanto nos deja indefensos frente a la ambivalencia del futuro». Como hemos indicado antes, la atención a los problemas actuales constituye tan solo un requisito previo indispensable para el tema fundamental de la filosofía: el descubrimiento de la estructura ontológica del ser del hombre.

Entre sus estudios sobre los problemas esenciales de nuestro tiempo destaca especialmente su libro dedicado a la técnica: *La sfida tecnologica* (Bolonia, 1971[8]). No es de extrañar, dado que para nuestro autor tal realidad constituye el elemento característico esencial de nuestra época: «Nuestro tiempo, reducido hegelianamente a pensamiento, es el pensamiento calculante de la técnica»[9]. El minucioso análisis que lleva a cabo de tal fenómeno, relacionando, fiel a su método, distintas perspectivas: la metafísica, la científica, la jurídica, la política, la religiosa..., le permite captar su radical ambivalencia. En efecto, la posibilidad de eliminar el hambre y la miseria del mundo, y con ello la desaparición del proletariado, el fin de la lucha de clases, la racionalización del trabajo, el aumento del ocio... son algunas de las conquistas sociales que podrían lograrse gracias al desarrollo tecnológico y que en consecuencia hacen insostenible la posición apocalíptica, romántico-anarquista, que desearía rechazar en bloque el factor tecnológico, considerado como encamación del mal, para volver a la sociedad preindustrial. Pero al mismo tiempo la desaparición de las entidades naturales, la masificación, la extensión del erotismo, la posibilidad del triunfo de la tecnocracia (que puede convertirse en la peor de las dictaduras, al excluir la crítica del hombre común, por considerarlo incompetente) y sobre todo la posibilidad de la destrucción final por obra del poder mortífero de la energía nuclear constituyen algunos de los riesgos más graves que hacen insostenible la actitud triunfalista, que cree ver en la técnica la realización del ideal prometeico del «homo mensura» de sí mismo y de las cosas: «La toma de conciencia de la posibilidad de la muerte cósmica por

---

7 *Montesquieu e la scienza della società* (Turín, 1953), *Gaetano Filangieri e il problema della legge* (Turín, 1954), *Il concetto di legge nella Summa Theologiae di San Tomasso d'Aquino* (Turín, 1955), *La città politica di Sant'Agostino* (Milán, 1960), *Droit et justice dans le «De libero arbitrio» de Sant'Agostino,* en *ARSP,* 1961, p. 159-72; *Philosophie et politique dans l'oeuvre de Rousseau. Une essai d'interprétation,* en *ARSP,* 1963, p. 171-89; *Théorie politique et théorie réligeuse chez Rousseau,* en *Rousseau et la philosophie politique, Annales de Philosophie politique,* 1965; *La position du problème de la politique chez Rousseau,* en *Etudes sur le Contrat Social de Jean-Jacques Rousseau* (París, 1964); *La signification de la politique chez Hegel et chez Bergson,* en *Annales de Philosophie Politique.*

8 *La sfida tecnologica* (Bolonia, 1971), p. 123. (Existe trad. castellana, Buenos Aires, 1970).

9 *La sfida,* cit., p. 124.

obra propia constituye para el hombre contemporáneo la salida del edén humano de la propia autosuficiencia, basada en la autosublimación»[10].

Lo insatisfactorio de la concepción moderna del hombre, como medida de sí mismo y de las cosas, que constituye el punto fundamental de su próximo libro *L'uomo ptolemaico* (Milán, 1974) viene a ser confirmada además al estudiar el tema de la revolución ecológica[11] y el problema de la violencia[12]. En efecto, Cotta ve con singular profundidad cómo una de las raíces esenciales de la exaltación teórica de la violencia en nuestro tiempo deriva de la afirmación de la plena autonomía del sujeto. De este modo resulta significativa la conexión entre la negación por Sartre de toda esencia, previa a la existencia y su famosa frase en *Huis Clos:* «el infierno son los otros». Si mi libertad carece de límites intrínsecos, impuestos por mi naturaleza, es el otro el que aparece como freno y límite a mi libertad y por tanto como enemigo. Análogamente, la creencia en la licitud de «hacer y deshacer la naturaleza a nuestro agrado» —que no es casual que fuese visto por Saint Simon como un medio eficaz de desviar la agresividad del hombre hacia las cosas— aparece como el fundamento de la moderna degradación de la naturaleza. Ello demuestra por tanto la validez de la postura de Kierkegaard frente a Kant, el Protágoras moderno: «El hombre tiene en Dios su propia medida, la cual no lo vincula o lo mortifica, sino que lo eleva y lo libera», y pone al mismo tiempo de relieve lo insatisfactorio del historicismo, que de Hegel a Mannheim, pasando por Dilthey, pretendía desvirtuar la dimensión de lo natural en el hombre. A este respecto es sintomático que «la negación filosófica de la naturaleza vaya acompañada de la negación de la naturaleza universal del hombre».

El estudio de la realidad técnica en su radical ambivalencia, así como el análisis de las causas de la revolución ecológica y de la exaltación de la violencia, constituyen para Cotta una prueba más de la verdad de la vieja idea cristiana del carácter dialéctico-antinómico del individuo, que acorde con las premisas agustinianas y pascalianas ha sido destacada en nuestro tiempo especialmente por pensadores de la talla de un Kierkegaard o un Dostoyevski, y que conduce a considerar la vida humana como «una permanente tensión entre estímulo hacia lo alto y gravedad material»[13]. Esta estructura dual del ser humano viene a ser confirmada igualmente por el psicoanálisis —según profunda intuición de Cotta— sobre todo gracias a las últimas obras de S. Freud y de Melanie Klein, al reconocer en el hombre, junto a los impulsos afectivos —solidarios: Eros— término que no se puede confundir en modo alguno ni siquiera dentro del lenguaje psicoanalítico, con libido —la presencia de impulsos destructivos y de persecución— Thanatos[14].

Este carácter dialéctico de la existencia humana lleva a Cotta a superar la idea, que muy agudamente ve surgir del pensamiento de Rousseau[15] y que llega hasta Marx, pasando por Hegel, según la cual «el individuo puede ser liberado de todo mal y alcanzar su perfección *en la* sociedad y *por obra* de la sociedad», y concreta-

---

10 *La sfida,* cit, p. 122.

11 *L'uomo e la natura,* en *Studi Cattolici,* 1972, p. 3-11.

12 *Le radici culturali della violenza,* en *Studi Cattolici,* 1973, p. 411-16. Trad. castellana en *Nuestro Tiempo,* Pamplona, 1974, p. 31-44.

13 *La sfida,* cit. p. 6; *Itinerarios,* cit. cap. III.

14 *Uomo e natura,* cit. p. 4; *Le radici culturali,* cit. p. 412.

15 Sobre ello, véase escritos citados en nota 7.

mente del Estado que es la encarnación de esta: «le *grand tout* «para Rousseau», la *Totalität* para Hegel y Marx». Tal concepción utópico-perfeccionista conduce a «elevar la sociedad a fuente y criterio de la moralidad, de modo tal que la comunidad se convierte en el horizonte exclusivo de la vida humana»[16]. Es indiferente que tal dimensión social sea definida en términos de raza, de clase o de nación, lo cierto es que en cualquier caso, la conclusión es el totalitarismo.

Frente a tal concepción, Cotta destaca la necesidad de renovar la creencia en la «primacía del individuo y de todos sus derechos», dado que «toda posible perfección social depende tan solo del grado de perfección de todos y cada uno de los individuos que la componen. Esta creencia se encarna genialmente, según Cotta, en el pensamiento agustiniano, para el cual las estructuras políticas son necesarias, pero siempre provisionales e imperfectas[17] y dentro del pensamiento moderno es común a pensadores como Locke, Montesquieu, Constant, Tocqueville y Rosmini. En todos ellos se da una sana desconfianza respecto al poder político acentuando la necesidad de su limitación y de su control, para hacerlo responsable, frente a la mitificación del poder político, que podía observarse en los autores antes citados[18].

Pero es que, además, para Cotta la concepción utópico-perfeccionista es insostenible, no solo por el olvido de la dimensión dialéctica de la existencia humana, sino por otorgar a la política el máximo puesto dentro de la vida humana. Ello, aparte de inhumano por conducir al totalitarismo, aparece como algo superado a la altura de nuestro tiempo, merced a la revolución tecnológica: «Captado por el pensamiento, nuestro tiempo ya no es el tiempo hegeliano de los pueblos y de los Estados, sino por el contrario el tiempo de la unidad planetaria». La amenaza de la muerte cósmica que llevaba a superar la concepción prometeica del hombre como medida de todas las cosas, unida a la victoria del tiempo sobre el espacio que la técnica proporciona, viene igualmente a superar la época de las nacionalidades: «Lo que Tertuliano decía de los cristianos de su tiempo, podemos decirlo hoy nosotros sin distinción de fe ni de ideología: el mundo entero es nuestra patria»[19].

La superación de la época de las nacionalidades conduce al fin de la supremacía de la política y de la ideología. Según Cotta, el hombre de pensamiento debe ser consciente de su responsabilidad en denunciar la superación de la época, abierta por Maquiavelo y que Hegel expresa con insuperable claridad, caracterizada por la primacía de la política y de la ideología, entendida esta como el saber que disuelve la verdad —al modo historicista— en la cultura de un grupo, transformándola en algo cerrado[20]. En otro caso, se olvidaría que «nuestro tiempo constituye verdadera-

---

16 *Potere politico e responsabilità*, en VARIOS, *Il problema del potere politico*. Actas del XVIII Convenio del Centro de Estudios Filosóficos entre Profesores Universitarios, Gallarate, 1963 (Brescia, 1964), p. 286 ss.

17 Sobre la interpretación del pensamiento político agustiniano por Cotta, véase su libro citado en nota 7.

18 *Potere politico* e *responsabilità*, cit., p. 287-90; véase además *Osservazioni sul rapporto fra autorità e libertà*, en *Scritti vari di Filosofia del Diritto raccolti per l'inaugurazione della Biblioteca Giorgio Del Vecchio* (Milán, 1961), p. 101 y 118 y *Partecipazione: a che cosa? RIFD*. 1970, p. 61-68.

19 *De Droit a-t-il fonction propre (Lignes d'une analyse ontophenomenologique)*. Ponencia al Congreso Mundial de Filosofía del Derecho. Madrid, septiembre de 1973. Ejemplar mecanografiado, p. 12 y 13.

20 *Diritto e política*, en *Studi Cattolici*, 1974, p. 11.

mente un *tiempo oportuno* para la sabiduría, al permitir recuperar el sentido universal del hombre, superando las barreras ideológicas (las verdaderas enemigas de la humanidad) ante el universal destino de muerte[21].

Ello a su vez permitiría superar definitivamente el positivismo jurídico, el cual no es sino la transcripción al plano del derecho de la idea de la supremacía de la política y del Estado, razón por la cual debe ser considerado Hegel como el máximo defensor de tal teoría, al reducir el derecho al ordenamiento jurídico positivo, y no Kelsen, que es un simple epígono de tal movimiento[22]. Con ello se abre la posibilidad de recuperar el sentido genuino de lo jurídico, lo que Cotta ha dado en llamar, en terminología de Karl Kerenji, el *Urphänomen* del derecho. Este reaparece así en su estructura esencial de apertura universal al otro, por encima de las diferencias de clase, raza o religión. Este concepto del derecho es el que aparece como punto de partida en el presente libro.

Valencia, 8 de marzo de 1974.

Jesús Ballesteros

---

21 *Uomo e Natura,* cit. p. 11.

22 *Le Droit a-t-il fonction propre?,* cit. p. 7, 10 s. y *Diritto e politica,* cit. p. 9.

NOTA A LA SEGUNDA EDICIÓN

La atención a los problemas centrales de nuestra época, ya destacada en el estudio precedente como una de las características del pensamiento de Cotta, le ha llevado a publicar, después de la primera edición de este libro, dos obras fundamentales: L'uomo ptolemaico *(Milán, Rizzoli, 1975), y* Perché la violenza?. Una interpretazione filosofica. *(L'Aquila, Japadre, 1978). De la primera de ellas, existe edición española (Madrid, Rialp, 1977).*

Valencia, 24 de septiembre de 1978.

JESÚS BALLESTEROS

PRÓLOGO A LA EDICIÓN ITALIANA

Las recopilaciones de escritos poseen generalmente para su autor por lo menos una función: la de reordenar un período de su actividad poniendo de manifiesto el hilo conductor, más o menos evidente, según el cual se ha desarrollado su reflexión. Esto es, responden a una necesidad de clarificación, no solo en relación con aquéllos que lo leen (por pocos que sean), sino también en relación con el propio autor. Este, por otra parte, experimenta esta necesidad con tanta mayor fuerza cuanto más haya sentido la urgencia de detenerse en problemas particulares, de actuar siguiendo distintas direcciones, a fin de verificar la validez de sus tesis y de sus intuiciones dentro de un horizonte más amplio. Cuanto mayor es el número de aspectos sobre los cuales –como sobre un órgano de muchos cañones– ha intentado expresar la armonía de su inspiración tanto más fuerte es la exigencia de volver a la lineal simplicidad del leit-motiv. *En la mente del autor estas recopilaciones constituyen una etapa –momento propicio para el reposo y la meditación– en su itinerario, que no es (o no quisiera que fuese) solo mental, sino también vital. (¿Qué pensamiento sería aquél que no se nutriese de la experiencia integral de una vida, en todas sus inquietudes y curiosidades, desilusiones y esperanzas?). A partir de esta etapa, el autor reemprende el camino hacia una meta más clara, confortado por certidumbres más consecuentes, estimulado por nuevos problemas.*

Este libro no constituye una excepción a la regla. La recopilación de escritos aquí presentados sigue ciertamente un orden lógico, que no corresponde del todo al cronológico de su composición. Pero no por esto pretende revelar la unidad estructural de un proyecto unitario desarrollado orgánicamente, aunque sea por momentos y etapas. Quien escribe se encuentra muy lejos de la bien calculada capacidad del constructor que, con elementos prefabricados por él, logra levantar un edificio perfectamente estructurado, y que no necesite de ulteriores reajustes. Esta unidad y plenitud sistemática aquí no existe ni se quiere hacer creer que exista. Como el título sugiere, en los ensayos recogidos se encontrarán los resultados de los itinerarios recorridos. Pero aún cuando tales itinerarios se hayan desarrollado sobre diversos terrenos, son siempre los mismos el espíritu con el que han sido emprendidos y la meta a la que aspiran. Ello, unido a la compleja estructura del volumen, explica el que se vuelva a menudo de un capítulo a otro sobre pasos ya dados, para señalar con mayor precisión el camino recorrido y superar mejor los obstáculos, así como para reemprender el camino en otra dirección. El intento del autor sería trazar una especie de mapa elemental de los intrincados itinerarios del derecho en el mundo de los hombres. Estas páginas no constituyen sin duda la realización de tal intento, sino solo un testimonio.

La pregunta que se encuentra en el origen de todos estos escritos y constituye su rasgo común es simple, y por ello no pretende ser muy original: ¿qué papel y qué importancia posee el derecho (si es que posee alguno) en el complejo ámbito de la existencia humana? Nótese que es una pregunta en la que se encuentra implícito su reverso: ¿qué testimonio de la existencia humana proporciona el derecho? Se entiende que aquí la palabra «derecho» no designa a este o aquél ordenamiento jurídico concreto, sino a la misma actividad jurídica del hombre, a aquellos aspectos peculiares de su vida, de los cuales son concreta e histórica expresión los ordenamientos jurídicos.

Incluso en su doble e inseparable rostro, la pregunta es en verdad simple y sin embargo, o precisamente por ello, fundamental. Expresa o tácita, constituye la fuente de la perenne investigación de los filósofos acerca del derecho. ¿Y qué otra cosa podría hacer el filósofo del derecho, sino tratar de responder por lo menos *a esta pregunta? Cabría decir: es una pregunta inagotable, como toda pregunta sobre el hombre, como toda investigación de la verdad. Si no se contesta a ella, cualquier otro razonamiento sobre el derecho resultará de dudosa consistencia, de incierto valor, puesto que el problema filosófico fundamental, desde siempre, es el de comprender la existencia misma en toda su riqueza, y los límites de sus posibilidades y manifestaciones. Entre estas existe, como atestiguan inequívocamente los hechos, la actividad jurídica. Y sin embargo, pese a la evidencia de su importancia y pese a que todo razonamiento sobre el derecho que la eluda, deja insatisfecho –puesto que en alguna medida suscita la impresión de que el derecho no haya sido pensado, problematizado hasta el fondo– tal pregunta no ha adquirido la primacía dentro de la problemática de la filosofía del derecho italiana de esta ya avanzada segunda mitad del siglo XX.*

Se ha colocado antes la discusión sobre el método, el ámbito y la organización sistemática interna de la ciencia jurídica y sobre las relaciones entre esta y la filosofía del derecho. Temas todos importantes, pero destinados a quedar à côté *respecto del problema fundamental, si se renuncia a investigar cómo y en qué medida también esta ciencia testimonia la humanidad de la experiencia jurídica, como ha enseñado Giuseppe Capograssi (cfr.* Il problema della scienza del diritto, *Roma, 1937). Incluso el largo debate de la segunda posguerra entre jusnaturalismo y positivismo jurídico –que necesariamente desemboca en aquella pregunta– no ha proporcionado grandes avances en la comprensión del significado existencial del derecho. Sin duda, aquella polémica se inspiraba en altas razones morales y* pour cause *(la ley positiva reducida a pura expresión de voluntades dictatoriales y de poder... el derecho convertido en injusticia... y por otro lado el valor del principio de legalidad, de certeza...). Pero por ambas partes se acababa contemplando el derecho más desde el exterior que desde el interior, mirándolo desde el punto de vista de su* deber ser *(la ley natural, o la normatividad lógico-formal) más que desde el punto de vista de su* ser.

Esta falta de atención al ser *o mejor al* existir *del derecho significaba no solo eludir la pregunta fundamental, sino incluso hacer difícil de comprender a fondo la naturaleza deontológica del derecho, que precisamente se quería poner de relieve. En efecto, no existe deontología (moral, jurídica, política...) que pueda considerarse completamente estudiada y problematizada si no se la somete a esta última cuestión: ¿por qué el deber ser?, ¿de qué modalidades de la estructura y de la existencia humana surge y es exigido el deber ser? Son preguntas estas que no pueden considerarse resueltas por la pura y simple reconstrucción lógica del lenguaje normativo, trabajo ciertamente necesario pero no suficiente. Inevitablemente todo razonamiento sobre el deber ser, sobre los llamados valores, conduce a una consideración de aquel ser y de aquel existir que constituyen su fundamento. En este sentido los justanaturalistas podían señalar un punto a su favor sobre sus adversarios. Pero quizá más porque presuponían el ser, que porque su trabajo llevase a resultados efectivos en la exploración de la realidad existencial del derecho, de su modo de ser en la existencia de los hombres.*

Si esta investigación no ha faltado sin embargo en Italia, se debe a Giuseppe Capograssi, quien a partir de su Analisi dell'esperienza comune *(1930) hasta los últimos escritos de 1955, se ha convertido en cuidadoso y penetrante observador de la vida y dentro de ella, de la experiencia jurídica. Ha abierto así agudamente la vía de una fenomenología del derecho en el ámbito de un análisis existencial del hombre. Siguen esta vía cada uno a su modo aquellos que se inspiran directa o indirectamente en su magisterio. Si no me equivoco, la situación cultural es actualmente quizá más propicia que en el pasado a este tipo de trabajo. El descrédito que desde tantas partes amenaza, aunque sea en manera no siempre clara, a los intentos de construir una ciencia puramente formal del derecho, la insatisfacción (que en los jóvenes llega incluso a la intolerancia, como recientemente observaba Guido Fassò) por los lúcidos pero desvaídos análisis del lenguaje jurídico y del lado opuesto el interés de las investigaciones fenomenológicas, antropológicas, etc., hacen cada vez más evidente la exigencia de un análisis concreto del derecho como actividad humana. Los escritos aquí recogidos deben ser considerados precisamente, cualquiera que sea su valor, como un intento y un testimonio de una investigación en la dirección indicada.*

Agradezco a Pietro Piovani el haber acogido este librito en una colección dirigida por él: señal visible de una amistad veintenal que se renueva continuamente en afectuosa concordia discors. *Debo un particular agradecimiento a mi esposa, que ha traducido al italiano algunos de los presentes ensayos del original francés en que habían sido escritos y me ha ayudado con sus observaciones en el trabajo de revisión, que no se ha limitado a la forma y a la actualización, sino que en algunos casos ha alcanzado incluso el contenido.*

Excepto dos, los escritos aquí recogidos proceden de relaciones presentadas a coloquios internacionales promovidos en estos años en Roma por Enrico Castelli. Es justo por tanto que este libro le sea dedicado en señal de estima.

Roma, enero de 1972.

SERGIO COTTA

I.

DECISIÓN, JUICIO Y LIBERTAD

La libertad de la decisión

En el actual clima cultural una de las más difundidas y, según se cree, más sólidas justificaciones de la libertad, viene ofrecida por la tesis (que aquí no discutiré) según la cual el individuo se constituye mediante una sucesión de *decisiones*. Que después estas decisiones estén o no conectadas o coordinadas entre sí, aquí no interesa. La decisión existencial, se dice, es lo que da forma y significado real y concreto, tanto al yo, que de otro modo sería pura pasividad, como al mundo, que de otro modo sería una pura presencia material y opaca, desconocida e incognoscible igual que las cosas ausentes, ignoradas o irreales.

En efecto, la decisión posee indiscutiblemente una capacidad y una eficacia reagrupantes: atrae hacia mí las cosas que de otro modo pertenecerían solo a sí mismos y por tanto, aunque aparentes (en el sentido de material y exteriormente visibles), permanecerían para mí no menos misteriosas que el *noumenon* kantiano, al no tener relación con ellas. Por tanto solo a partir de la decisión y por medio de ella el mundo pasa, al menos para el sujeto que decide, de la apariencia ausente a la realidad. Es decir, el mundo pasa de la dispersión en infinitas mónadas cerradas en sí mismas a aquel orden reagrupante, aunque sea en perspectiva, que le confiere un significado humano, que lo hace connatural al hombre. Por tanto, se puede tener conocimiento solo a partir de aquel acto creador que es la decisión, porque solo gracias a la decisión se capta el significado del mundo. A esta dirección de pensamiento se puede aplicar lo que ha escrito espléndidamente Heidegger, aunque para criticarla, de la tendencia de la moderna filosofía del conocimiento: «toda la objetividad (*Gegenständigkeit*) de los objetos... reposa en la subjetividad»[1].

En esta perspectiva —en cuanto que la decisión constituye indiscutiblemente un acto de voluntad, es incluso la misma voluntad en acto— es la voluntad la que asume la posición dominante en la vida humana. O para ser más precisos, es la voluntad (siempre dentro de la citada perspectiva) la que expresa la esencia profunda del hombre. Con la decisión el hombre se proyecta (en un doble pero inseparable sentido: se define y se proyecta hacia adelante), en la decisión incluso el hombre *es* el proyecto de sí mismo en acto, e igualmente en ella el mundo aparece como el proyecto del hombre.

---

[1] *Der Satz von Grund* (Pfullingen, 1957), p. 137. Recuérdese la significativa frase de Nietzsche: «Nuestra capacidad de sentir la vida y el poder... nos da la medida del ser, de la *realidad*, de la *no-apariencia*», en *Der Wille zur Macht*, III, n. 367, en la trad. it. (Milán, 1922), p. 181.

Del «yo quiero» del hombre depende por tanto la misma consistencia del yo, de los otros, de las cosas; en otros términos: del sujeto, de la sociedad, del mundo.

Esto significa que en la decisión el hombre manifiesta o celebra de hecho, o al menos lo parece, su propia soberanía. Al mantener la tesis de que la existencia es decisión, no se haría otra cosa que tomar conciencia de esta soberanía, declarando, aunque solo sea de manera implícita, que la esencia del hombre consiste en ser soberano. De este modo la libertad aparece fundamentada definitivamente, ya que el ser-libre pertenece a la esencia de la soberanía. Nos lo confirma la definición quizás más exacta que haya sido dada de la soberanía: la de los juristas medievales, para los cuales aquélla consistía en el *superiorem non recognoscere.* Solo quien no reconoce a nadie como superior a sí mismo es de hecho plenamente libre.

La tesis de Schopenhauer sobre la reducción de la «cosa en sí» a «voluntad de vivir» y del mundo a pura «representación» subjetiva; la de Nietzche sobre la «perspectividad» del conocer y de la veracidad, según la cual la verdad del juicio cede el paso al hecho de que «este juicio promueva y conserve la vida»[2], y sobre la «voluntad de poder» como fuente de todo valor y como «medida del ser» y finalmente la reducción sartriana del individuo a su libertad y por tanto a su proyecto, dado que «l'existence précède l'essence»[3], constituyen etapas fundamentales de la dirección indicada, la cual aparece hoy más como un factor cultural difuso que como una precisa y delimitada posición filosófica.

Contra la tesis de la libertad soberana del hombre se han presentado tradicionalmente dos objeciones. La primera se basa en la imperfección del hombre, difícil de negar: el que es imperfecto no es ni libre ni soberano, puesto que está vinculado por y a sus mismas imperfecciones.

Esta objeción es ciertamente sólida, por no decir insuperable, en el ámbito de una concepción trascendente o teocéntrica, pero parece inconsistente en el ámbito de aquel humanismo que tiene por horizonte exclusivo al ente y que ha olvidado al Ser, por decirlo con Heidegger. Ahora bien, es precisamente en el ámbito de tal humanismo en el que nace la tesis de la libertad soberana del hombre (que después este humanismo corresponda real y completamente a la condición humana es otra cuestión). En efecto, en esta perspectiva puede considerarse soberano no solo al *buen* soberano, es decir, al soberano que sea al propio tiempo hombre perfecto, como puede considerarse libre no solo al que hace *buen* uso de la libertad. Soberanía y libertad son condiciones, situaciones en las que se tiene una responsabilidad *autónoma,* y no una responsabilidad *heterónoma:* responsabilidad hacia uno mismo y no hacia los otros[4]. El soberano en el verdadero sentido de la palabra es responsable solamente frente a sí mismo: así el déspota no es responsable respecto a sus súbditos, el Estado-nación respecto de los otros Estados-naciones. No resulta casual que la decadencia del principio de la soberanía del príncipe, o del Estado-nación, se haya verificado cuando tanto uno como otro se han sometido a una responsabilidad heterónoma, en relación con otra autoridad interna o internacional, la cual era sin embargo soberana, al ser responsable solamente frente a sí misma.

---

2 Cfr. *Al di là del bene e del male,* cap. 1, parágrafo 4 (trad. it. Milán, 1968, p. 9).

3 *L'existentialisme est un humanisme* (París, 1946), p. 17.

4 Sobre estas nociones de responsabilidad *autónoma y heterónoma,* cfr. mi trabajo *Potere politico e responsabilità,* en *Il problema del potere politico* (Brescia, 1964), pp. 271-96, especialmente pp. 278-9.

Por tanto, para declararse legítimamente soberano, el hombre no tiene necesidad de afirmar su perfección, lo que constituiría la mayor de las ingenuidades. Le basta, así al menos parece, con asumir plenamente la propia imperfección, reconociéndola como consustancial a su propia condición, y en rechazar al propio tiempo toda responsabilidad heterónoma.

La segunda objeción a la tesis de la libertad soberana del hombre, en íntima conexión con la primera, estriba en considerar la declaración de soberanía del hombre como un puro y simple *transfert* de lo divino a lo humano, por cuanto la soberanía del hombre no consiste más que en una imitación de la soberanía de Dios. De este modo, la decisión, el «yo quiero» y por tanto la libertad del hombre, no serían más que ridículas imitaciones del libre acto de la Creación, del *fiat* divino. El hombre se atribuye las prerrogativas de la divinidad en cuanto la imita cediendo a un impulso titánico engañoso.

No se puede —creo— negar la parte de verdad contenida en esta objeción: de hecho la tesis de la soberanía del hombre ha sonado a menudo a falsa a causa de su esfuerzo titánico puramente verbal y retórico. Pero esto no prueba mucho, prueba solamente la debilidad de algunas formulaciones de tales tesis, pero no de la tesis en cuanto tal. En defensa de la cual se podría, sin demasiadas dificultades, invertir el argumento ahora mismo expuesto; sosteniendo que la atribución de la soberanía y de la libertad a Dios constituye en definitiva un *transfert* de lo humano a lo divino, una sublimación de lo humano, como afirmaba Feuerbach. Continuando en esta dirección del pensamiento se podría afirmar que el hombre, convertido finalmente en adulto, retira ahora a Dios lo que le había concedido antes cuando se sentía impotente y abrumado ante la fuerza de las cosas, de la naturaleza que le envolvía con su necesidad. La declaración de la soberanía humana no sería por tanto otra cosa que la consecuencia de la desmitificación de la idea de Dios.

Esta desmitificación encontraría su fundamento más sólido en la instauración de la era tecnológica. La «provocación» de la naturaleza —que, como nos enseña Heidegger, caracteriza tal edad[5]— al forzar la forma aparente del mundo (pura cristalización no definitiva y superficial de la energía primera), lo sujeta a la decisión del hombre, a su actividad soberana y libre. Esta provocación permite al hombre conocer el fondo de la naturaleza y crear un mundo nuevo: un conocer que es un crear, un crear que es un conocer. En esta perspectiva la soberanía del hombre no sería ya palabrería retórica sino realidad concreta. La libertad del hombre quedaría constituida por su liberación respecto a Dios.

El siguiente texto de Sartre nos proporciona, en su laconismo, el testimonio quizá más significativo de la perspectiva que he delineado con anterioridad: «Descartes a parfaitement compris que le concept de libertè renferme l'exigence d'une autonomie absolue, qu'une acte libre était une production absolument neuve dont le germe ne pouvait être contenu dans un état antérieur du monde et que, par suite, liberté et création ne faisaient qu'un... Il faudra deux siécles de crise —crise de la Foi, crise de la Science— pour que l'homme récupère cette liberté créatrice que Descartes a mise en Dieu et pour qu'on soupçonne enfin cette vérité, base essentielle de l'humanisme: l'homme est l'être dont l'apparition fait qu'un monde existe»[6].

---

5 Cfr. *Die Frage nach der Technik*, en *Vorträge und Aufsätze* (Pfullingen, 1954), pp. 13 s., y mi libro *La sfida tecnologica* (Bolonia, 1968), pp. 40-4, 50-3 y 74-86.

6 *La liberté cartésienne*, en *Situations I* (París, 1947), pp. 332-4.

Decisión y juicio: la libertad de juicio

Sin embargo, no existe decisión sin juicio: Lo reconoce el mismo Nietzsche: «el pensar debe ser reconocido como ingrediente de la voluntad: en todo acto de la voluntad existe un pensamiento que ordena»[7]. De hecho se decide, porque se ha encontrado algo que nos autoriza a decidir. Se decide porque algo —una necesidad, una actitud, una situación— ha aparecido claro a nuestros ojos y a nuestro espíritu. Es verdad que se puede decidir sobre la base de una simple esperanza, pero ello sucede porque esta —por débil que sea, incluso hasta el punto de presentarse como *spes contra spem*— es considerada digna de ser perseguida, de ser experimentada, de ser testimoniada en su verdad (aunque no sea compartida por otros) precisamente mediante nuestra decisión. En todo caso, en toda decisión encontramos un juicio, así como en la indecisión se manifiesta la ausencia o incertidumbre del juicio. No es casual que el indeciso muy a menudo acabe por superar la propia indecisión fiándose de la seguridad o de la autoridad del juicio de otro. La capacidad y la función reagrupante de la decisión no es otra cosa que la capacidad y la función reagrupante del juicio.

No me parece por tanto que tenga objeto tratar de discutir cuál de los dos (la decisión o el juicio) constituya el *prius* (lógico o cronológico). Al menos en el plano existencial —al cual se limitan estas consideraciones— ambos se identifican. Del mismo modo que en Dios *voluntas et ratio convertuntur*[8], en el hombre decisión y juicio *convertuntur*. Todo lo dicho a propósito de la capacidad reagrupante de la decisión había sido ya atribuido al juicio por la moderna filosofía del conocimiento, de la cual no por azar Heidegger ha subrayado el carácter «productivo»[9].

La decisión *es* por tanto un juicio. Que se trate de un juicio no expresado formalmente e implícito en la decisión o incluso de un juicio esquemático y simplemente bosquejado, poco importa. La elementalidad o complejidad del juicio dará lugar a la elementalidad o complejidad de la decisión, pero en ningún caso esta aparecerá privada de aquél. De otro lado, sería equivocado, en mi opinión, identificar la decisión con la realización del juicio (y por tanto en un cierto sentido con su verificación), ya que la decisión, como el juicio, es conceptualmente distinta de su realización. Por esto, decisión y juicio surgen y se emiten conjuntamente y del mismo modo se realizan y experimentan, es decir realizan y experimentan conjuntamente su capacidad reunificante. En el plano existencial ni una ni otra son entidades sin vida y sin historia, conclusas en el momento evanescente de la formulación del *yo quiero* y del *yo opino que*. En cuanto hechos existenciales ni uno ni otra pueden rehusarse al propio *Erlebnis:* son el propio *Erleben*.

No creo que a la identidad, antes indicada, entre decisión y juicio se pueda oponer la experiencia sintetizada en la célebre frase *video meliora proboque deteriora sequor*, la cual parece denunciar una infidelidad de la decisión respecto al juicio. En realidad, si miramos mejor las cosas, sin permanecer enredados en una superficial contraposición entre razón y pasiones (contraposición que estaría a la base de aque-

---

7 *Al di là del bene e del male*, cap. 1, parágrafo 19 (p. 23).

8 En un conocido pasaje del *Contra Faustum Manichaeum* (XXII, 27), ha afirmado Agustín: «ratio *vel* voluntas Dei».

9 Cfr. *Der Satz von Grund*, cit. *passim*, pero sobre todo su *Nietzsche* (Pfullingen, 1961), 2 vols., donde el *yo quiero* de Nietzsche es considerado como el extremo resultado lógico de la filosofía del conocer.

lla infidelidad) descubrimos que aquella experiencia manifiesta no la infidelidad de la decisión al juicio sino la oposición entre decisión y decisión, entre juicio y juicio. Y esta oposición constituye la trama misma de la vida. Sin duda consideramos a menudo en oposición entre sí a la decisión y al juicio, pero ello ocurre porque comparamos una decisión y un juicio que poseen un *grado diferente* de intensidad, de claridad y de conocimiento. En tal caso es fácil caer en el equívoco de confundir la diferencia de grado (cantidad) por una diferencia de *calidad*, o mejor de *esencia*. Pero si comparamos dos actos al mismo nivel de intensidad, sea alto o bajo, la diferencia de esencia se desvanece y reaparece la equivalencia.

Tampoco la actitud expresada en la otra famosa frase *sic volo, sic jubeo, stet pro ratione voluntas* introduce una efectiva distinción entre juicio y decisión. De hecho la decisión (*voluntas*) que se considera que puede imponerse por sí misma, es en definitiva el juicio subjetivo del que decide, el cual no es que sacrifique su juicio a su decisión, sino que se niega a considerar las razones del otro para obtener su apoyo a su propio juicio-decisión.

Desde este punto de vista la voluntad, cuya primacía en la existencia parecía asegurada, en virtud del carácter constitutivo de la decisión, aparece más bien como una voluntad-razón[10].

Por otro lado no es ciertamente casualidad que el acto mediante el cual un magistrado resuelve una controversia sea denominado indistintamente *decisión o juicio*, del mismo modo que el magistrado que *decide* es llamado *juez o* que el *arbitraje* (cuyo mismo nombre evoca la voluntad, el *arbitrio* de un tercero que se presupone libre) es considerado un *juicio*. Y del mismo modo el juicio (o sea la opinión) autorizada del sabio viene denominada a menudo *sentencia* (es decir decisión), ya que decide de la verdad o falsedad de una cuestión.

La equivalencia entre decisión y juicio me parece que resulta, si bien se mira, también de los enunciados en los que vienen ambos expresados. Consideremos en primer lugar la relación entre decisión y juicio deontológico. Se puede asumir como expresión de la primera el enunciado (llamado performativo) «he decidido hacer esto» y como expresión del segundo el enunciado «debo hacer esto» (o bien «es mi deber hacer esto»). Ahora bien, los dos enunciados son equivalentes: en efecto decir «he decidido hacer esto, por *tanto* no debo hacerlo» o bien «debo hacer esto, por *tanto* decido no hacerlo» no tendría sentido, implicaría una contradicción con tal de que la fuente de la decisión y del deber fuese el mismo sujeto[11]. El hecho es que el enunciado «he decidido hacer esto» implica que *esto* es juzgado por mí como bueno, bello, útil, etc. es decir, digno de aprobación. Por esto me parece evidente que no tendría sentido decir «he decidido hacer esto, *porque* no lo apruebo» o bien a la inversa «apruebo esto, *porque* he decidido no hacerlo».

Comparemos ahora la decisión y el juicio asertóricos de un hecho concerniente al que habla, es decir aquel tipo de juicio alético que aquí nos interesa y que se puede expresar con el enunciado: «es cierto que mi decisión es esta». Ahora bien,

---

10 En este sentido posee validez permanente la tesis gentiliana de la unidad de lo teórico y lo práctico, cfr. *Teoria dello spirito come atto puro* (Florencia, 1938 5), p. 227.

11 Pero incluso cuando tal contradicción se desvanece, es decir, cuando el deber es establecido por persona distinta del que decide, no por esto en mi opinión aparece una distinción entre juicio y decisión, sino solamente entre el juicio-decisión de *otro* y mi juicio-decisión sobre lo que deba hacer.

también en este caso decir «decido hacer esto, pero no es cierto que mi decisión sea esta», no tendría sentido, implicaría una contradicción en los términos. Un contrasentido se daría igualmente si se dijese: «es cierto que mi decisión es esta pero decido no hacer esto». O sea, «es cierto que mi decisión es esta» (juicio) implica necesariamente: «decido hacer esto» (decisión), y viceversa. En definitiva decisión y juicio aparecen implicados recíprocamente y por tanto son equivalentes en el sentido antes indicado[12].

En el plano puramente lingüístico es ciertamente posible y probablemente útil distinguir la proposición referente a la decisión de la proposición referente al juicio. Esto por otra parte significa que decisión y juicio pueden distinguirse en abstracto. Pero en el plano de la experiencia (al cual únicamente aquí me refiero) existe recíproca conversión del uno en la otra, es decir, equivalencia.

Consideremos de nuevo la experiencia jurídica. Pues bien, ¿cuál es la sustancia de aquel acto que es denominado indistintamente juicio o decisión? Evidentemente, es un imperativo como el siguiente: «Ticio *debe* pagar su deuda a Cayo». Pero este imperativo no existe, no puede existir jurídicamente más que en virtud del siguiente juicio alético: «Ticio es deudor de Cayo». Por tanto el imperativo «Ticio *debe* pagar su deuda a Cayo», se identifica en el plano existencial con el juicio alético «Ticio *es* deudor de Cayo». En efecto *debe* pagar su deuda aquél que *es* deudor o a la inversa *es* deudor aquél que *debe* pagar la deuda. El *Rechtsspruch*, la decisión judicial, no solo procede de, sino que se identifica con la *Rechtsfindung*, con el descubrimiento de la verdad jurídica.

Pero hay algo más. Esta decisión-juicio no surge más que al término de un «proceso», de un «debate» dialéctico, proyección visible y ritualizada con más actores (el juez y las partes) y en más actos de aquel debate interior y de único actor, gracias al que se forma por el descubrimiento de la verdad, aquella decisión-juicio personal mediante la cual todo individuo se pronuncia sobre el propio destino. Si después recurrimos a la terminología inglesa podremos divisar un ulterior aspecto de la estructura de la decisión-juicio. De hecho este proceso-debate es un *trial*, una experimentación, porque *trial* deriva del verbo *to try*, experimentar, probar. Y no es casual que muy agudamente el procedimiento anglosajón excluya de las pruebas legales válidas la *haersay evidence*, la prueba y el testimonio de oídas, *ex auditu*. Esto significa que es válida solamente la experimentación personal y directa.

Brevemente en el ámbito de la experiencia jurídica —aquí sumariamente evocada a través de su terminología—, la decisión judicial se presenta como un juicio acerca de la verdad (de la verdad jurídica naturalmente), el cual se forma mediante la experiencia personal, dialogando entre personas.

La identidad entre decisión y juicio, que aquí he venido subrayando, nos conduce a la siguiente conclusión: si no se da (si no puede darse) decisión sin libertad, igualmente no se da (no puede darse) juicio sin libertad.

De ello nos ofrece nuevamente la prueba la experiencia jurídica. En efecto, el juez que dicta la sentencia, es decir, la decisión-juicio, *no puede no* ser libre. En caso

---

[12] Me es grato agradecer las sugerencias proporcionadas por Gaetano Carcaterra, de cuyo trabajo *Il problema della fallacia naturalistica* (Milán, 1969) he obtenido valioso estímulo para las observaciones hechas más arriba.

contrario, la verdadera y auténtica sentencia sería manifestada primero y por encima de él por aquel que es efectivamente libre de pronunciarla y que es por tanto el señor absoluto del pseudo-juez. En el caso en que el juez no sea libre (verdadera contradicción en los términos), el proceso no es más que una ficción y el juicio pierde cualquier ligamen con la investigación y experimentación de la verdad, para convertirse en una simple *ejecución* (acto ejecutivo). El juez se transforma por tanto, como se decía un tiempo, en un «ejecutor de las altas obras de la justicia» (o de la injusticia): ni más ni menos que el verdugo.

Es verdad que el juez encuentra un límite a su libertad en cuanto que no es libre de no juzgar. Pero esta su no-libertad límite no es más que el reflejo, en la experiencia jurídica, de la imposibilidad, visible en todo el ámbito de la existencia, de negarse a decidir, de negarse a juzgar, sin que disminuya la potencialidad de la vida humana.

Por lo que parece, por tanto, el juicio o es libre o no es. La necesidad de la libertad del juicio corresponde a la necesidad de la libertad de la decisión, de modo que esta identidad de exigencias confirma la equivalencia de decisión y juicio.

Las condiciones del juicio

He indicado antes, a propósito de la libertad de decisión, que tal libertad parece fundar y constituir la soberanía del hombre. Se trata ahora de comprobar si la libertad de aquel juicio, cuya equivalencia con la decisión he afirmado, nos conduce al mismo resultado. Para verificar tal hipótesis, convendrá proceder a un análisis del juicio. Para evitar equívocos, aclaro que las consideraciones que siguen hacen referencia únicamente al juicio de valor en el campo de la práctica.

Parece oportuno comenzar preguntándose sobre quién se ejerce el juicio. A este respecto escribe Kierkegaard, en *La enfermedad mortal*, que «el concepto de juicio pertenece al individuo». Y prosigue de este modo: «porque no se puede juzgar *en masse*: se puede matar *en masse* a la gente,... adularla *en masse*, en suma, tratar a la gente en diferentes modos como a un rebaño; pero no se puede juzgar a los hombres como al rebaño, porque no se puede juzgar al rebaño; por grande que sea el número de los que son juzgados, si se quiere juzgar con seriedad y con verdad, se les debe juzgar individualmente»[13].

Un ingenioso periodista italiano llegó a decir: «un bobo es un bobo, dos bobos siguen siendo dos bobos, pero diez mil bobos constituyen una fuerza histórica». No se puede ignorar que debajo de esta *boutade,* irónica y al mismo tiempo amarga, se encierra una profunda verdad, la cual es una exacta confirmación y un desarrollo de la tesis de Kierkegaard: no se puede juzgar *en masse,* porque al nivel de la masa no encontramos ya personas (al individuo), sino un hecho, un dato susceptible solamente de registro. Con el número, con la masa, se entra de hecho en el dominio de la fuerza. Sin duda se puede y se debe juzgar la fuerza, pero en tal caso lo que se juzga es la fuerza y no a los individuos que la constituyen. A aquellos que una vez disuelta su propia individualidad en la masa, componen esta, no se les puede aplicar más que la invocación de Cristo: «Padre, perdónalos, porque no saben lo que hacen». Y el perdón es la superación caritativa del juicio.

---

[13] Op. cit. II, B, *B,* en *Il concetto dell'angoscia. La malattia mortale*, a. c. de C. Fabro, (Florencia, 1953), p. 355.

La imposibilidad del juicio valorativo *en masse* encuentra su exacta comprobación en la actividad juzgadora de la historiografía. Esta, cuando intenta ir más allá de los puros y simples juicios aléticos del cronista —del tipo de «Leopardi nació en 1798»— para formular juicios valorativos —del tipo «Leopardi fue un innovador» o «Leopardi fue el mayor poeta de su tiempo»— no llega nunca a captar lo *individual*, pese a lo que haya podido decir Croce, sino tan solo lo *general*.

En efecto, aun cuando el objeto de un estudio histórico sea el individuo, este permanece en su concreta realidad como inasequible para la historia en cuanto *historia rerum gestarum* (nótese bien: *rerum* y no *hominum*). Tal inasequibilidad no es ocasional o debida a deficiencias del historiador, sino que es inevitable. La historia se ocupa por definición y por necesidad exclusivamente del pasado, de los muertos; incluso cuando se ocupa de los vivos los trata como muertos, ya que los reduce, los *debe* reducir, a *objetos*. Al historiador, en efecto, el individuo no puede manifestarse de otro modo que mediante hechos, documentos, es decir, mediante objetos. Esta objetividad de los datos es precisamente la que funda (quizá mejor la que constituye) la objetividad del historiador[14].

Pero reducido a objetividad, el individuo queda necesariamente reabsorbido en lo general, en aquel juego de actividades o «fuerzas» diversas que constituyen el «cuadro histórico». Precisamente se insiste hoy en la necesidad de insertar al individuo en el cuadro histórico, para tratar de captarlo históricamente en forma completa. Ahora bien, esto significa reconocer que en el plano historiográfico no se puede comprender al individuo en su genuina individualidad, sino solo en su generalidad, o mejor dicho, en su característica conexión con la generalidad. La misión de la historia —ha escrito Sorel— es la «de comprendre ce quil y a de moins individuel dans les événements»[15].

La historia por tanto en cuanto no posee los medios de captar al individuo íntegramente, no puede hacerle objeto de juicio, y por consiguiente se encuentra obligada a juzgarlo *en masse*; es decir, en definitiva no juzga. No es un azar el que contra la persistente tentación de juzgar, los historiadores serios continúen oponiéndose al intento de erigir la historia en juez: podrá ser *maestra* (ya que los hechos, los objetos, lo general, forman siempre parte de la experiencia), pero no puede ciertamente ser *justiciera*. Me refiero aquí, lo repito todavía una vez más, solamente a la historia como historiografía o si se quiere, también a la *Historie* en el sentido de Heidegger. Pero cabría preguntarse si no habría que rechazar también la función de juez referida a la Historia como expresión del Espíritu universal o de cualquier otro universal inmanente. La pregunta se plantea en vía incidental y en tono sumiso: *glissez mortels, n'appuyez pas...*

Interesa aquí más bien plantear otra pregunta: ¿por qué la negativa de Kierkegaard del juicio *en masse* suscita espontáneamente, casi diría irresistiblemente, nuestra adhesión? No se puede evitar aquí el tratar de responder a esta pregunta. A tal fin será útil analizar, aunque sea esquemáticamente, las condiciones del juicio. Me parece que un juicio digno de tal nombre exige al menos tres requisitos:

---

14 Efectivamente más allá de la objetividad de los datos la objetividad de la historiografía, como es sabido, es más una tendencia, un intento de la investigación que una realidad. Cfr. al respecto la aguda interpretación de la posición de Weber que ofrece A. VILLANI, en *«L'oggettività» delle scienze sociali nella problematica di M. Weber* (Milán, 1957), pp. 130 s.

15 *Reflexions sur la violence* (París, 1921), p. 63.

1) La *presencia* de aquél que debe ser juzgado. En efecto, si el que debe ser juzgado se encuentra ausente, no puede hablar por así decirlo, más que mediante los hechos por él realizados, y los hechos en su objetividad material, como se ha dicho, no desvelan jamás de forma inmediata y completa la personalidad del que los ha cumplido. El juicio sobre el ausente no es por tanto juicio sobre otro *hombre* sino sobre una *cosa*. He aquí porque el juicio en contumacia, cualesquiera sean las pruebas recogidas, es siempre falso y por tanto imperfecto. Tan es así que los procesados no lo encuentran en general de su agrado (a menos que abriguen la esperanza —claro está— de una próxima amnistía).

2) La *transparencia* entre juzgador y juzgado[16]. Se decide en efecto acerca de la decisión y se juzga acerca del juicio de un *hombre*, el cual ha comprometido su vida con esta decisión y juicio suyos (en algún modo siempre reagrupantes). Y esta vida se encuentra ahora sometida a su vez a un juicio de valoración, favorable o desfavorable, que dispondrá de ella en modo más o menos grave pero siempre decisivo. Es necesario por tanto conocer profundamente la vida del otro para juzgarla. Sin transparencia se corre el riesgo de condenar al inocente o bien de absolver al culpable. Por esta razón el juicio jurídico se forma mediante un *trial*, es decir, sometiendo la inocencia o la culpabilidad a la prueba. No puede, por tanto, ser resuelto acudiendo a los dados como hacía, según Rabelais, el juez Bridoye[17], sistema este —sea dicho incidentalmente— que sería igualmente satisfactorio que cualquier otro si la *decisión* fuese algo distinto del *juicio:* no se olvide, en efecto, que el cálculo de probabilidades introduce una cierta regularidad en los hechos accidentales. La exigencia de la transparencia nos ofrece la mejor explicación del juicio medieval por medio de los iguales o de los propios jueces naturales, es decir, aquéllos que teniendo la misma «naturaleza» del acusado, ofrecen una mayor garantía de comprenderlo.

3) La *simpatía*. Uso esta palabra en el sentido puramente etimológico de *syn-pathein*, de *cum-sentire*, es decir, de participar en los sentimientos del otro, de compartirlos: un *syn-pathein* por otra parte lúcidamente dirigido a entender al otro y que no degenera todavía en simpatía como «contagio» afectivo, que lleva a la fusión de los dos miembros de la relación[18]. En efecto, solamente cuando se logra experimentar los mismos sentimientos se puede verdaderamente conocer y juzgar al otro, su situación, su decisión, ya que se ha profundizado *en* su situación y se ha experimentado desde el *interior* su decisión[19]. A través de la simpatía (en el sentido antes indicado), el juzgado deja de ser un simple *otro*, ajeno a mí a pesar

---

16 Recuérdese lo escrito por Bergson: «si une parfaite connaisance reciproque n'est pas necessairement sympathie, elle exclut du moins la haine» (*Les deux sources de la morale et de la religion*, París, 1951, p. 304).

17 Le *Tiers Livre*, cap. 44.

18 Para expresar esta distinción —sobre la que ha insistido SCHELER, en *Wesen und Formen der Sympathie* (Bonn, 1923)— empleo *sim-patía* para la primera fórmula y *simpatía* para la segunda. Sobre el «contagio» afectivo, v. S. FREUD, *Il disagio della civiltà e altri saggi*, trad. it. (Turín, 1971), pp. 80 s.

19 Sobre la importancia de la simpatía para la valoración práctica, véase el agudo ensayo de L. BAGOLINI, *La simpatía nella morale e nel diritto* (Turín, 1966 2), el cual entre otras cosas subraya, siguiendo a Adam Smith, la importancia del elemento «situación» en la aparición de la simpatía (op. cit. pp. 29 s. y 38-41).

de su presencia —y por tanto subordinado y sujetado (o al menos subordinable, sometible) a mi yo— para manifestarse, por así decirlo, como un *otro yo*[20].

Me parece además importante subrayar que entre estos requisitos no existe una relación de yuxtaposición o de superposición, sino de circularidad. Del mismo modo que la presencia permite la transparencia y una sim-patía efectiva no solo imaginada, así la sim-patía permite la transparencia y da resonancia a la presencia, que de otro modo permanecería muda y desatendida.

A la luz de estos requisitos aparece evidente cómo el hablar de juicio *en masse* constituye una verdadera y auténtica *contradictio in adiecto*. Para el que juzga, en efecto, la masa no es algo presente sino opresiva, pesada (piénsese en su definición física; relación entre peso y aceleración de gravedad); no es transparente sino opaca (la masa no tiene rostro); no es sim-pática, sino podría decirse hetero-pática, cuando no llega a ser antipática (en el sentido estrictamente literal y todavía no afectivo de la palabra).

Pero de las observaciones precedentes resulta incluso, si bien se mira, que el verdadero juicio, el juicio en la plenitud de su veracidad, puede ser solamente aquél que pronuncio sobre mí mismo, del mismo modo que la verdadera decisión es aquella decisión mía plenamente autónoma que no se encuentra sujeta a la influencia deformadora de las decisiones del otro. De hecho, yo solo soy íntegramente presente, transparente y simpático conmigo mismo. El juicio sobre sí mismo aparece por tanto como la expresión pura (sin diafragmas) del juicio, del mismo modo que el acto autónomo aparece como la pura expresión (sin diafragmas) de la decisión.

La paradoja del juicio

Sin embargo precisamente a este nivel de pureza se nos manifiesta la complejidad del juicio. El juicio sobre uno mismo, fácil es verlo, no es posible más que a condición de un desdoblamiento del sujeto, de modo tal que, apareciendo diferente el *yo* que juzga y el *me* que es juzgado, pueda establecerse debate, diálogo, *trial* entre ellos. De otro modo se caería en una situación de indistinción que anularía la posibilidad misma del juicio. Este desdoblamiento se considera posible de ser alcanzado mediante la reflexión interior que introduce en el seno del yo la *distancia,* y por tanto la *dualidad* necesarias, a fin de que yo pueda evitar adherirme íntegramente a mí mismo, aceptándome pura y simplemente como soy. *Distancia* y *dualidad:* he aquí dos requisitos que, lejos de aparecer necesarios a lo largo del precedente análisis del juicio, surgían por el contrario, aunque fuera implícitamente, como dificultades a superar para poder alcanzar un juicio válido y veraz, válido en cuanto veraz.

En el juicio sobre sí mismo, en cuanto reflexión, se realizaría por tanto la unión dialéctica entre presencia, transparencia y simpatía, por un lado, y distancia y dualidad por otro[21]. ¿Pero la reflexión sobre sí mismo es efectivamente posible? O

---

20 Sobre la necesidad de sustraer al otro de su sumisión al yo, para comprenderlo, insiste oportunamente GABRIEL MARCEL: «l'autre en tant qu'autre n'existe pour moi qu'en tant que je suis ouvert à lui (qu'il est un toi), mais je ne suis ouvert à lui que pour autant que je cesse de former avec moi-même une sorte de cercle à l'interieur duquel je logerais en quelque sorte l'autre, ou plutôt son idée; car par rapport à ce cercle l'autre devient l'idée de l'autre» etcétera. (*Etre et avoir,* París, 1935, p. 155).

21 Escribe LE SENNE, «c'est tout un d'être conscient et de se sentir double en exigeant d'être un» *(Le devoir,* París, 1930, p. 24). Sobre el desdoblamiento del yo como base de todo juicio crítico, véanse las importantes observaciones de FREUD, *Il disagio,* cit. p. 106.

mejor dicho, ¿alcanza a establecer una distancia *vera et non ficta,* capaz a su vez de constituir la necesaria dualidad del *yo* y del *me?* ¿O no se debe más bien reconocer que la reflexión interior se resuelve en un reflejo puramente narcisista que nos da la ilusión, pero no la existencia de la dualidad?

Es nuevamente Kierkegaard quien me mueve a inclinarme por la segunda solución. En su *Diario* desvela el carácter ilusorio de la autonomía del yo. Si A y B son el mismo yo, escribe Kierkegaard, «es imposible que en cuanto A (el que obliga) yo pueda ser efectivamente más severo de cuanto soy o puedo desear ser en cuanto B (aquél que es obligado)[22]. En efecto si permanezco encerrado en el ámbito del yo, el con-sentir se transforma inevitablemente en *un asentir,* en un *condescender,* es decir, en última instancia, en un ponerse el corazón en paz renunciando a juzgarse.

He aquí el círculo vicioso en el cual en definitiva se encuentra encerrado el juicio libre y autónomo. Sin simpatía resulta imposible por desconocimiento de la situación y por tanto por defecto de transparencia; en la sim-patía resulta imposible porque esta inevitablemente se transforma en simpatía (contagio afectivo) y por tanto el con-sentir se convierte en un condescender, en un contentarse. Como observa muy bien Ricoeur[23] la simpatía conduce en efecto «soit à se perdre en autrui, soit à absorber autrui en soi»[24] es decir lleva a la fusión y a la indistinción.

En efecto, donde no existe simpatía —es decir entre enemigos o entre indiferentes— no se juzga: o se condena apriorísticamente o se evita el juicio. Allí en cambio donde existe simpatía tampoco se juzga, porque, al producirse la fusión, faltan la distancia y la dualidad. Esto se constata muy bien en la masa, donde la indistinción de los individuos que la componen anula su posibilidad de juzgarse recíprocamente, mediante la sim-patía. Pero se constata igualmente allí donde la simpatía parece a primera vista respetar la dualidad, alcanzando incluso su cima: me refiero a la relación de amistad. En efecto en la relación de amistad se acepta al otro tal como es: «par ce que c'estoit luy, parce que c'estoit moy», como escribía Montaigne de su ejemplar amistad con La Boétie[25]. Incluso se llega a una perfecta fusión de los sentimientos y la voluntad[26]. Pero tanto el aceptarse como el identificarse implican la negación de la posibilidad misma del juicio.

En este punto conviene preguntarse si no podría servir —para hacer compatibles simpatía y juicio— aquella noción de «respeto» que utiliza Ricoeur para contener el impulso posesivo asimilador de la primera. Escribe a este respecto Ricoeur: «le respect creuse la 'distance phénoménologique' entre les êtres, en mettant autrui à l'abri des empiètements de ma sensibilité indiscrète»[27].

---

22 *Papirer,* X A 369, n. 2131 (utilizo la traducción de C. Fabro).

23 El cual ha puesto de relieve con acierto, en mi opinión, el fallo sustancial del intento de Scheler de separar la sim-patía del contagio afectivo, véase, *Sympathie et respect: phénoménologie et éthique de la seconde personne,* en «Revue de Métaphysique et de Morale», 1954, pp. 384-6.

24 Op. cit., p. 391.

25 *Essais,* I. 28, ed. de La Pleiade, p. 224.

26 Continúa escribiendo Montaigne: «C'est je ne sçay quelle quinte essence... qui, ayant saisi toute ma volontè, l'amena se plonger et se perdre en la mienne, d'une faim, d'une concurrence pareille. Je dis perdre, à la veritè, ne nous reservant rien qui nous fut propre, ny qui fut o sien ou mien» (op. cit. p. 225). Obsérvese la exactitud de los términos utilizados por Montaigne: *se plonger* y *se perdre.*

27 Op. cit., p. 391.

Es probable que el respeto cumpla la función que le asigna Ricoeur[28]. Pero no por esto me parece que constituya por sí mismo elemento apto para determinar la compatibilidad de simpatía y juicio. En efecto, si el respeto es total —es decir se refiere no solo a la persona, sino incluso a cualesquiera actos del otro (y en tal caso sería quizá más exacto hablar de *reverencia*)— excluye el juicio. Quien es objeto de un respeto tan absoluto e indiscriminado (reverencia o veneración) se encuentra en realidad sustraído a mi juicio, porque no es un como-yo sino incondicionalmente superior a mí.

Si en cambio el respeto no es total, sino que distingue entre el otro como persona y sus actos, entonces nos encontramos ante una limitación del juicio que acaba por debilitarlo. Consideremos el enunciado que expresa en el modo más usual el caso en cuestión: «no apruebo esta o aquella acción tuya (incluso en caso extremo, ninguna) pero te respeto». Ahora bien, en este caso la persona objeto del respeto —en caso límite, *toda* persona, la *persona*[29]— queda sustraída al juicio porque constituye en sí mismo un pre-juicio. Pueden juzgarse solo los *actos* de la persona, pero estos en realidad pueden juzgarse solo en su parcialidad, objetividad y relación con algo que no sea el sujeto agente. Se les puede juzgar solo en cuanto se les considere diferentes de aquello que son existencialmente, y por tanto el juicio al que dan lugar es tan solo aparente y *en masse* (porque son juzgados no en sí mismos, sino en su relación). En definitiva, «comprender es perdonar», no juzgar.

El análisis hasta ahora realizado, partiendo de la hipótesis de la plena autonomía del que juzga —una autonomía que posee el significado riguroso de libertad respecto a lo Transcendente— induce a reconocer —me parece— que la libertad del juicio implica la imposibilidad del juicio o la necesidad de juzgar *en masse*, de juzgar aproximadamente deformando la persona del juzgado y falseando la verdad del juicio. El juicio perfecto, el juicio en perfecta transparencia de verdad, no responde a la medida del hombre, sino solo a la de Dios.

Juicio y criterio del juicio

Y sin embargo es imprescindible juzgar: sin juicio la vida pierde su significado porque se disipa en miles de actos incoherentes y todos de igual importancia, y por tanto todos igualmente indiferentes. Sin juicio no cabe decisión alguna, ya que la decisión es un juicio y presupone o introduce la diferencia y no la indiferencia y sin decisión la vida se reduce a pura pasividad, es decir, a pura animalidad.

En este punto se podría sin embargo observar que para salir del círculo vicioso en el que nos encontramos, basta descubrir o al menos establecer el criterio del juicio, lo que por otra parte es indispensable, ya que no puede darse juicio sin criterio. La observación es tan exacta que puede ser considerada obvia, y si hasta ahora no ha sido tenida en cuenta explícitamente en el presente razonamiento, se debe a una razón muy simple. Y es que la tesis sometida a examen la de la soberana autonomía del sujeto que decide y juzga —se encuentra claramente basada en la convicción de que el criterio de la decisión— juicio es autoproducido o autoelegido, o como quiera decirse, por el sujeto que decide y juzga.

[28] Véanse sin embargo al respecto las objeciones de BAGOLINI, op. cit., pp. 105 s.
[29] Como ocurre en el caso considerado kantianamente por Ricoeur.

Pero ahora, a la luz de cuanto se ha dicho hasta aquí, aparece claro cómo el criterio del que tenemos necesidad tiene que trascender a las partes del juicio[30]. En efecto, si el criterio es autoproducido por una sola de las partes, y por tanto, pertenece a ella exclusivamente, solo sirve para introducir entre ellas una distancia tal que da lugar a su recíproca e insuperable opacidad y por consiguiente convierte en muda y sorda, hetero-pática o antipática la presencia material del otro. Por tanto aquel tipo de criterio aparece como un instrumento, no ya de comprensión, sino de lucha, tendente más o menos consecuentemente a la dominación y en caso extremo a la opresión, pero no ciertamente al juicio.

En tal caso, se reincide —también desde el punto de vista del juicio— en la situación criticada, como se ha visto, por Marcel, cuando pone en evidencia la inevitable dominación del *yo* sobre el *otro*, mientras que al individuo como tal no le sea reconocida una esencial consistencia ontológica. Y criticada también por Ricoeur cuando observa la tendencia avasalladora de la simpatía cuando no viene frenada y se vuelve «crítica», es decir, capaz de discernimiento, gracias al respeto. Por otra parte ya Hegel no solo había puesto en guardia agudamente contra la ilusión de que en la autoconciencia desapareciese la posibilidad de lo negativo, sino que había incluso denunciado precisamente la consideración de la conciencia subjetiva como absoluto como «la forma en la que había prosperado el mal en nuestros días», «forma del todo incomprensible de mal»[31].

Resulta por tanto exacto decir que para formular un juicio es necesario un criterio de valoración, pero es necesario añadir que tal criterio no puede ser puramente subjetivo, ya que en tal caso sería *parcial* y *de parte*, es decir, avasallador por esencia. Por otro lado, la tendencia a superar el implícito carácter dominador del subjetivismo puro, gracias a la introducción de criterios que trasciendan a las partes, aparece confirmado por la experiencia humana más constante y común, tanto en su expresión jurídica como en su expresión moral (con las precisiones que enseguida veremos).

En efecto, en el campo jurídico el juicio para poderse constituir como tal exige la existencia y la referencia a un criterio valorativo *supra partes*, proporcionado por la norma —de cualquier tipo: ley, costumbre, precedente judicial— o por la razón del árbitro. Análogamente en el campo moral, al refutarse la plena subjetividad o autoelección del criterio, se apela a valores que, aunque considerados inmanentes o históricos, se colocan por encima del individuo. Este posee como criterio o medida del propio juicio precisamente aquellos valores que encuentra dados en su momento histórico, y que él mismo contribuye a crear. Es esta la dirección seguida, en un modo u otro, por el hegelismo, el marxismo, el pensamiento ideológico (en el sentido precisado por Mannheim) y en general, por la mayor parte del pensamiento postkantiano inmanentista. En tal perspectiva es precisamente la trascendencia de aquellos valores (respecto al individuo, se entiende, y no respecto a la humanidad) la que permite la posibilidad del juicio.

Pero en este punto es necesario preguntarse si en verdad el criterio jurídico y el axiológico inmanentista permiten la realización de un juicio que no sea *en masse*. Consideremos en primer lugar el caso de la experiencia jurídica. Pues bien, no es

---

30 No me refiero aquí a las «partes» en sentido técnico procesal —demandante y demandado— sino a las partes en el sentido más general de juzgador y juzgado.

31 Cfr. *Grundlinien der Philosophie des Rechts*, parágrafo 140, en la trad. it. (Bari, 1954), pp. 127 s.

difícil darse cuenta de que el criterio proporcionado por el derecho constituye en realidad una simple *apariencia* de trascendencia, *umbra et imago quaedam* de esta, diría Agustín. En efecto, el derecho en su concreción es siempre un hecho histórico, inmanente a la historia humana. Como tal —si se refuta la propuesta, a mi parecer del todo ilusoria, de considerarlo expresión de un igualmente ilusorio *Weltgeist* absoluto e histórico. Lo que el derecho establece *como* transcendente respecto a la voluntad-razón del individuo (incluso de los diversos individuos potencialmente en pugna) es la voluntad-razón de este *nosotros*. Es decir, sobrepone a la *individualidad* una *generalidad* en la cual el individuo en su singularidad no es totalmente disuelto, aunque pase a formar parte de aquella generalidad que él mismo contribuye históricamente a constituir.

Respecto a este *nosotros*, nunca del todo transparente para el individuo, este tiene motivos para no aceptar incondicionalmente y *a priori* sus criterios valorativos y por tanto sus juicios. Incluso tiene motivos para no considerarlos como definitivos y plenamente adecuados, ya que en el *nosotros*, aparte del momento simpático se encuentra dialécticamente presente el momento anti-pático[32]. Desde esta perspectiva, el juicio jurídico, precisamente porque el criterio que utiliza no es en realidad transcendente, permanece siempre como un juicio *en masse*. Pero no ya porque su objeto sea una masa —por el contrario, en el proceso todo imputado es considerado y valorado por sí mismo— sino porque el criterio en el que se inspira es el de la masa.

En conclusión, si el criterio (y el juicio) jurídico es por una parte ineliminable —ya que el *yo* no existe sin el *nosotros*, fuera del *Mitsein*, del ser-con-el-otro— por otro lado, no es perfecto ni absoluto, en cuanto falto de transparencia y de simpatía. Mientras por un lado nos pone de relieve la necesidad de juzgar, por otro nos envía a un juicio superior donde toda insuficiencia venga superada[33].

Consideremos ahora el caso de la experiencia moral caracterizada por los valores que tienen una objetividad humana e histórica. El razonamiento a tal respecto puede ser más breve porque utiliza el análisis precedente. En efecto, como en el caso de la experiencia jurídica y con análogas consecuencias, aparece como fundamento de los valores (aunque por lo general no se admita) aquel *nosotros* que, siendo portador de generalidad, introduce siempre un cierto grado de opacidad (porque *mis* valores no se disuelven nunca del todo en *nuestros* valores), y por tanto da lugar a un juicio *en masse*.

Desde este punto de vista se puede formular la hipótesis —merecedora por otra parte de profundización— de que toda moral inmanentista oscile entre dos

---

[32] Es lo que expresa gráficamente, pero con notable unilateralidad, la conocida frase de Sartre en *Huis Clos* «l'enfer, c'est les Autres». Es claro que esta posición sartriana establece una radical antinomia entre el *yo* y el *otro*, ignorando la relación dialéctica *yo-nosotros* que se expresa en el derecho y que revela, en mi opinión, una perfecta correspondencia con las condiciones de la existencia. A la posición de Sartre se puede oponer válidamente la de Unamuno: «Si mi prójimo es otro yo mismo, ¿para qué le quiero? Para yo, me basto y aún me sobro yo». (*Comentario a la vida de Don Quijote*, cap. 31, trad. it., Milán, 1926, p. 196).

[33] También desde esta perspectiva el derecho (siempre insuficiente pero siempre ineliminable) refleja fielmente la íntima dualidad de la condición humana, según la cual la imperfección estructural va unida a la conciencia y a la aspiración a un estado de perfección; cfr. el cap. «Inocencia y derecho».

polos: entre el ser una moral del *yo quiero* y ser una moral del *nosotros queremos*. En el primer caso, se trata de una moral solipsista, que tiende a la opresión en relación con los otros[34] y autocomplaciente en relación con uno mismo. En el segundo caso, se trata de una moral generalizante y siempre «jurídica».

En suma, ni el juicio jurídico ni el juicio fundado sobre valores puramente históricos ofrecen una solución plenamente satisfactoria a la cuestión que examinamos. Ello es debido a que ni uno ni otro alcanzan a establecer otra transcendencia que la del *nosotros*, y no permiten la realización de aquella situación de total presencia, transparencia y simpatía que da lugar a un juicio que no sea *en masse*.

Transcendencia y libertad

Tomemos ahora en consideración la hipótesis de un criterio valorativo transcendente en el verdadero y pleno sentido de la palabra. Pues bien, me parece que tal criterio permite un juicio libre de la superposición siempre parcialmente opaca del *nosotros*, ya que en este caso el *nosotros* se constituye no en términos de relativa superioridad respecto al *yo*, sino en términos de común inferioridad respecto a la Transcendencia, a Dios. Por tanto, semejante juicio es susceptible de ser formulado sobre la base de la simpatía, ya que el que juzga y el que es juzgado se reconocen iguales en la distancia y en la inferioridad respecto a la Transcendencia y por tanto siempre igualmente defectuosos en relación con esta.

Pero al mismo tiempo es este un juicio en el cual la sim-patía no degenera en contagio afectivo, en recíproca fusión, dando lugar a aquella aquiescencia que impide el juicio. En efecto, juzgante y juzgado reconocen no ser independientes, sino sometidos a la Transcendencia. Se realiza entonces aquel juicio que —siendo formulado «delante de Dios»— como diría Kerkegaard— implica un «gemir juntos» un *congemiscere*[35]. Aquel juicio que el que juzga pronuncia «cum humilitate et timore... quia condemnans alium, ostendit se similiter condemnabilem esse» según la espléndida glosa de Santo Tomás al texto agustiniano[36].

Pero entonces es necesario reconocer que la libertad del juicio implica, incluso exige, el *juicio sobre la libertad* y, puesto que la decisión no es otra cosa que un juicio, la libertad de la decisión exige el *juicio sobre la decisión*, el juicio sobre el propio juicio. Por otra parte en el plano óntico de la *existencia*, esta imposibilidad de sustraerse al juicio sobre la libertad aparece claramente manifestada por la experiencia de la libertad jurídica, siempre sujeta al juicio jurídico.

En resumen, la libertad no tiene más remedio que aceptar el ser juzgada, de otro modo no podría constituirse como libertad, sino precisamente como su opuesto: la necesidad. En verdad solo aquello que es necesario no puede ser juzgado, del mismo modo que aquél que se encuentra totalmente vinculado no puede ser juez.

---

[34] «Querer es querer ser señor» (*Herr-sein*)». De este modo sintetiza acertadamente Heidegger la posición de Nietzsche (*Holzwege*, Frankfurt, 1963, p. 216).

[35] *De Sermone Domini in monte*, II, 19.

[36] *Summa theol.* II-II, q. 60, art. 2, ad 3.

En el nivel del precedente análisis de la decisión, había aceptado provisionalmente la tesis de que la imperfección del hombre —si es aceptada íntegramente sin desaliento— no constituye un obstáculo al reconocimiento de la soberanía humana. Pero ahora, gracias a la posterior profundización de la cuestión que nos ha proporcionado el análisis del juicio, esta tesis me parece insostenible. La soberanía del hombre es solamente una metáfora embaucadora. El hombre no goza jamás de la soberanía, la cual o es absoluta o no es, la cual o *superiorem non recognosci* o no es, puesto que si no es absoluta, entonces, en algún modo y en algún aspecto es dependencia y subordinación.

En realidad el hombre goza únicamente (y es ya mucho: constituye incluso su suprema dignidad) de una libertad que necesariamente se reconoce sometida al juicio y no reivindica una autonomía imposible que anularía la posibilidad misma del juicio. Desearíamos concluir afirmando que desde un punto de vista estrictamente filosófico, la verdadera libertad, es decir, la libertad concretamente posible, es solamente la libertad «religiosa», entendiendo la expresión en el sentido ciertamente inhabitual de libertad conscientemente situada en el horizonte de la Transcendencia[37].

Sin embargo en este punto se presenta una ulterior dificultad. Se ha visto que para juzgar es necesario un criterio trascendente. Pero si este nos trasciende, no podemos poseerlo íntegramente. Nos encontramos por tanto, nuevamente, en un *impasse*. Si no disponemos más que de un criterio inmanente, humano, histórico «jurídico», no podemos juzgar en plenitud de verdad, sino solo *en masse*. Si recurrimos a un criterio transcendente —que nos autorizaría a juzgar según la verdad— no podemos poseerlo sino imperfectamente, lo que hace que nuestro juicio sea una vez más imperfecto[38].

Las filosofías de la Transcendencia han elaborado teorías muy persuasivas —la iluminación, la participación, etc.— para superar este *impasse*. No puedo adentrarme aquí en un terreno tan complejo. Me limitaré a observar que la tesis de Pascal, según la cual Dios se manifiesta en la naturaleza, pero nunca de un modo total, encuentra confirmación en la tesis de Heidegger, según la cual la aparición del Ser constituye un desvelamiento inseparable de un ocultamiento.

Desde esta perspectiva, el ritmo de la libertad se manifiesta armónicamente solidario con el ritmo del conocimiento. Si Dios no se ocultase, yo carecería de libertad para interpretar su voluntad, quedaría atraído y vinculado por El. Si en algún modo no se manifestase, carecería de libertad para buscarlo, no teniendo siquiera tal posibilidad. Y esto significa que mi libertad quedaría definitivamente encerrada en el limitado círculo de lo humano, en el cual aquélla queda sometida a la ley bergsoniana de un doble frenesí: el de la anarquía de las decisiones —juicios

---

37 Es claro que *esta* libertad «religiosa» es diferente (aunque no la niegue) de la *libertas maior* de la que habla San Agustín: la libertad en *el* bien, es decir, la liberación de la posibilidad de obrar el mal.

38 Aquí se manifiesta en toda su verdad la advertencia evangélica: «no juzguéis...», cuya hermenéutica me parece que proporciona el siguiente significado: no juzguéis con un juicio que se considere perfecto (tanto en la aprobación como en la desaprobación), intentando sustituir a Aquél que únicamente puede juzgar enteramente.

individuales, donde la existencia se disuelve, o el de la opresión de una sola decisión— juicio dominante, donde lo que se disuelve es la libertad.

La presencia oculta de Dios sostiene por tanto mi libertad y al abrirle horizontes cada vez más amplios, le atrae a aquel abismo (*Abgrund*) que —como dice Heidegger— es el Ser. En sí mismo el Ser es *der Ab-grund*, el sin causa[39], para nosotros es el fundamento (*Urgrund*), inagotable[40]. *Abyssus abyssum invocat:* un abismo de verdad y de libertad en el cual sin descanso, pero con confianza y esperanza, se encuentra comprometida la vida humana.

[39] Cfr. HEIDEGGER, *Der Satz von Grund*, cit., cap. 13.

[40] Como oportunamente observa PAREYSON, *Verità e interpretazione* (Milán, 1971), p. 28.

II.

CONCIENCIA, LEY Y AUTORIDAD

Sobre la problematicidad de la relación entre los tres términos

El orden dado a los tres términos en el título de este capítulo puede justificarse en la forma de una serie lógicamente coherente, es decir, dotada de sentido racional: la conciencia produce la ley, la ley atribuye la autoridad. En efecto, ¿cómo puede distinguirse la autoridad de un poder que derive de la pura fuerza, si no se basa en la ley? ¿Y cómo podemos aceptar una ley, la cual implica siempre una obligación, si no está basada en la conciencia? La conciencia por tanto es la que establece inmediatamente la legitimidad y la validez de la ley y mediatamente las de la autoridad.

Sin embargo, el valor lógico de tal serie, aunque permite aclararla y explicarla, no le otorga un fundamento definitivo. En efecto, desde un punto de vista estrictamente lógico-racional, es igualmente posible proponer y sostener la serie inversa: la autoridad produce la ley, la ley informa y dicta las normas a la conciencia. Pues, ¿cómo puede distinguirse la conciencia recta de la errónea, la conciencia guiada por la *episteme* y no por la *doxa*, sino recurriendo a la ley, que expresa la rectitud o la verdad? ¿Y la ley no remite necesariamente a su autor, al legislador, es decir a una autoridad? La existencia de la autoridad garantiza por tanto inmediatamente la ley en su validez y verdad y mediatamente la conciencia.

Por tanto si las consideramos en sí mismas ambas series aparecen lógicamente coherentes. Esto significa que la aceptación de una y su preferencia sobre la otra depende de razones extra-lógicas, en el sentido de razones que preceden y fundamentan la coherencia interna de la serie. Para entendernos, les llamaremos razones axio-lógicas, en cuanto aparecen capaces de establecer cuál de los tres términos es *digno* de ser considerado como el principio y el fundamento del razonamiento explicativo sucesivo. Solo después de que se hayan establecido estas razones, la lógica podrá desarrollar su misión de formular y justificar la serie coherente. Si se le reconoce la primacía en el valor (en el sentido más amplio del término) a la conciencia, será lógicamente satisfactoria la primera serie y no la segunda. Si se le reconoce, en cambio, la primacía a la autoridad, será satisfactoria la segunda y no la primera.

Indicaré incidentalmente que no me parece admisible una tercera serie que parta de la primacía de la ley, ya que esta en cualquier caso remite a su autor, sea este la conciencia o la autoridad. Esta exclusión de la primacía de la ley pone de manifiesto, sea dicho de paso, el carácter esencialmente mediador de la misma.

Del hecho de que la aceptación de esta o de aquella serie dependa de la justificación del término inicial deriva el que el razonamiento filosófico no pueda limitarse a la pura y simple clarificación lógica de la serie (razonamiento explicativo), ya que series coherentes existen al menos dos. En otros términos, no se puede dejar de lado la cuestión de la primacía del término inicial como una pura y simple *opción* no justificada filosóficamente[1]. En tal caso la filosofía renunciaría precisamente a su misión de plantear lo que es problemático (razonamiento de principios) para reducirse en un puro cálculo de combinaciones —en este caso muy sencillo dado que los términos a combinar son solamente tres. La dualidad de soluciones coherentes obliga en cambio a la filosofía a plantear el problema de la primacía que fundamenta y por tanto hace posible la logicidad de la serie.

Desde un punto de vista histórico se suele decir con acierto, en términos muy genéricos y aproximados, que la edad clásico-cristiana se inspira en la serie (que llamaré *primera*): autoridad-ley-conciencia[2]. Mientras que la edad moderna se inspira en la serie (que llamaré segunda): conciencia-ley-autoridad. Debido a la modernidad de esta segunda serie estamos acostumbrados de tal modo a ella, que al menos en algunos sectores de la vida, se la considera como un presupuesto casi indiscutible de nuestro modo de razonar.

Por ejemplo en el ámbito de la política, la segunda serie se ha impuesto ampliamente (y con razón, en mi criterio) en el pensamiento de nuestro tiempo, ya que no se concibe actualmente la autoridad si no fundada en la ley: es el principio de legalidad que ha sustituido, por usar la terminología de Max Weber, al principio carismático o al de la tradición como fuente de legitimación de la autoridad[3]. A su vez no se concibe la ley sino fundada, al menos en el plano teórico, sobre el libre consentimiento, es decir, sobre la conciencia política de los miembros del grupo: es el principio democrático.

Por otra parte, tanto el principio de legalidad (recuérdese la expresión medieval *lex facit regem*) como el democrático (piénsese en Atenas) no pueden considerarse en sí mismos exclusivamente modernos. Lo que les ha conferido su modernidad es su posterior fundamentación sobre el principio de la primacía de la conciencia moral, considerada autónoma. Y este principio se extiende incluso a la vida eclesial y religiosa. Por tanto, la segunda serie parece hoy interpretar fiel y unitariamente la totalidad del mundo de la experiencia práctica o moral en el sentido amplio y genérico del término. Precisamente esta unidad la hace habitual e indiscutible, convirtiéndola en presupuesto más que en resultado de nuestra reflexión. Pero por la razón ya indicada de la doble posibilidad lógica de la relación entre los tres términos, es necesario, sin embargo volver a discutir la primacía de esta segunda serie problematizándola de nuevo, cualesquiera que puedan ser o haber sido sus ventajas históricas.

---

1 Es decir, como una decisión desprovista de todo juicio. Sobre ello, cfr. el cap. precedente.

2 Como es obvio, no pretendo con ello negar las diferencias profundas existentes entre la filosofía clásica y la cristiana en razón del diferente modo de concebir aquella autoridad que es el Principio. Tales diferencias, decisivas en otros puntos, no influyen de forma relevante en el tema aquí estudiado.

3 Pero no se olvide el renacimiento del principio carismático en los modernos totalitarismos.

Sobre el significado de la tendencia «moderna»

Antes de discutir el principio de la segunda serie, conviene intentar comprender su dimensión histórica estudiando las razones que la sustentan y las tendencias que la caracterizan.

El proceso a través del cual históricamente se afirma la primacía de la conciencia, encuentra su primera razón en la consideración de aquélla, no solamente como *lugar* y al propio tiempo como *instrumento* del conocimiento, sino también como principio (autosuficiente y autónomo) del conocimiento y como *fundamento* (autosuficiente y autónomo) de la verdad del conocimiento. No me detendré en este punto que es bien conocido y que además ha encontrado una ejemplar reconstrucción, aunque quizá en ocasiones excesivamente crítica, en la obra de Heidegger. Recuérdese en particular para el aspecto cognoscitivo su *Der Satz vom Grund* y para el aspecto moral su *Nietzsche.*

Pero esta razón de orden gnoseológico me parece que remite a otra cuestión de orden cultural más amplio: la disolución del vínculo entre filosofía y religión. Designaré esta razón como *ideológica,* (aun siendo consciente de forzar un poco los términos) porque me parece que en general la finalidad *práctica* de tal escisión prevalece sobre la finalidad teorética, dando ya por resuelta la cuestión de la *necesidad* lógica o existencial de la escisión misma. En todo caso, esto tiene quizá una importancia relativa; más interesante en cambio es comprender el significado de esta escisión para nuestro problema.

La irrupción del cristianismo en la historia del hombre (que aquí contemplamos naturalmente bajo el aspecto cultural) ha llevado a establecer la equivalencia entre lo Absoluto, el Principio y por tanto la Autoridad (nociones propias del lenguaje filosófico) y Dios. Se trata no ya de una identidad, sino precisamente de una equivalencia, la cual respeta las respectivas características diferenciales debidas a la diversidad de los dos tipos de lenguaje, porque en rigor el Dios de los filósofos no se identifica totalmente con el Dios de la salvación. Con más precisión, se puede decir que lo Absoluto, el Principio, se ha convertido en el modo filosófico de expresar al Dios creador del cristianismo. Por tanto, filosofía y religión se han puesto de acuerdo en atribuir, aunque sea cada una *pro suo modo,* la primacía de la Autoridad.

A partir por tanto de la aparición del cristianismo y de su inevitable influencia sobre el pensamiento, parecen posible solo dos vías. La primera consiste en llevar adelante la reflexión humana en la perspectiva de la solidaridad, incluso de la simbiosis entre razonamiento filosófico y razonamiento religioso[4]. Esta simbiosis no se expresa sin embargo en una única forma necesaria, sino que da lugar (como atestigua la historia de la filosofía y de la teología) a varias formas posibles las cuales implican una integración, un recíproco planteamiento y solución de problemas. Esta simbiosis por tanto, no supone la identificación de las dos esferas, ni menos la relación subordinada de una respecto de la otra.

La otra posibilidad es la de la separación radical entre la esfera filosófica y la religiosa, como dos paralelas que no se encuentran jamás, porque los dos respectivos planos no tienen ni interferencias ni contactos objetivos, sino solo eventual-

---

[4] En el *Systemfragment* de 1800, Hegel afirmaba todavía: «La filosofía debe... terminar en la religión» (véase el texto en apéndice a De Negri, *La nascita della dialettica hegeliana* (Florencia, 1930), p. 119.

mente contactos subjetivos o personales. Sin embargo es conveniente a este respecto no caer en equívocos. La separación radical del puro paralelismo implica inevitablemente, a más o menos breve plazo, la contraposición conflictiva de los dos términos y por tanto el repudio final del uno o del otro. En efecto, la posición de la doble verdad a la que da lugar la separación radical, puede ser un remedio momentáneo y práctico pero no se encuentra fundada desde el punto de vista racional ni desde el plano de la existencia. Es conveniente tenerlo presente, ya que la tesis de la separación radical es sostenida desde una perspectiva religiosa y desde una perspectiva laica. Ambas desembocan en un repudio del otro término: el irracionalismo religioso, en un caso, la filosofía irreligiosa en el otro. (Obvio parece advertir que la actitud mística no se identifica en absoluto con el irracionalismo religioso).

Discutir aquí las dos vías opuestas —la de la simbiosis y la del repudio— nos apartaría del tema. Interesa más bien subrayar en relación con este que la vía de la separación radical y por tanto la del repudio, ha implicado históricamente en la edad moderna, y más allá incluso, el paso de la primacía de la autoridad a la primacía de la conciencia y por tanto la inversión de la serie. Ello es perfectamente comprensible, dado que la progresiva pérdida de relevancia en el aspecto filosófico del Autor en sentido religioso —el Dios creador y providente, fuente y término del conocimiento y de la moralidad— abre un vacío especulativo que no puede ser dejado sin rellenar con coherencia.

Resulta sin embargo indispensable observar que la inversión de la serie se afirma y se justifica con plena y absoluta coherencia solamente en la perspectiva laica de la filosofía irreligiosa. El resultado del irracionalismo religioso resulta en verdad ambiguo: puede significar tanto la primacía de la conciencia (pero una primacía *secundum quid*, ya que Dios conserva siempre la primacía, incluso aquélla es exaltada al máximo) como su total subordinación a la autoridad de Dios (pero en algunos casos también a la autoridad política humana). En el seno de la filosofía irreligiosa el resultado aparece en cambio coherente, ya que al negar que la conciencia pueda ser iluminada por el principio-Dios o partícipe en algún modo de este, se puede presentar a aquélla como el principio suficiente del conocimiento. Y por tanto puede ser legítimamente considerada también como el principio suficiente del juzgar, del legislar y del obligar.

El argumento gnoseológico (primacía de la conciencia cognoscitiva), el deontológico (primacía de la conciencia moral) y el ideológico (exclusividad de la filosofía) se fundamentan, corresponden y justifican recíprocamente. La segunda serie es sostenida por tanto por una complejidad de motivos, cuya naturaleza sería necesario examinar mejor de lo que aquí se ha hecho. A mí por ahora me importaba poner de relieve la solidaridad de tales argumentos que constituyen, podría decirse, una totalidad cultural en apoyo de la segunda serie.

Pero ¿una totalidad irreversible además de coherente? Este es el problema que debemos examinar ahora.

Sobre la inversión de la tendencia «moderna»

El proceso de afirmación de esta tendencia en la coherencia casi completa[5] de los argumentos culturales que la sostienen alcanza su culminación en Kant, por lo

[5] Puesto que Kant mantiene firmemente todavía la separación entre filosofía y religión, no llegando a repudiar esta última.

menos en la imagen corriente de Kant. En efecto, en Kant la primacía de la conciencia (el principio de su autonomía) viene acompañada y justificada por la universalidad de su conocer y de su legislar. La insistencia con la que Kant excluye la función cognoscitiva y moral de la sensibilidad en favor de la razón pura tanto teórica como práctica, el rigor con el que suprime del deber todo aspecto utilitario o hedonista, me parece que revelan claramente el intento de liberar a la conciencia de toda amenaza de subjetivismo para poder concederle de forma legítima una primacía que no resulte en detrimento de su universalidad.

En resumen, parece que la conciencia puede considerarse soberana, es decir Principio, únicamente con la condición de que no solo no esté subordinada a alguien, sino que constituya a su vez una totalidad completa. Entre estos dos aspectos de la no subordinación y de la totalidad existe correlación: en efecto, solamente lo que fundamenta y recoge dentro de sí al todo puede ser declarado soberano, no subordinado a nadie en ningún aspecto por mínimo y secundario que sea.

Pero apenas alcanzada la cima se inicia fatalmente el descenso. Baste recordar las críticas que Hegel dirige a la ética kantiana del deber y de la autonomía de la conciencia, considerándolas posiciones abstractas. Y no se trata de una crítica aislada, por importante que sea. A lo largo del siglo XIX (y el movimiento continúa hasta nuestros días) la universalidad del conocer y del juicio atribuida a la conciencia y que legitimaba su primacía, es progresivamente puesta en entredicho.

Se afirma el carácter histórico del conocimiento y del juicio de la conciencia, por tanto lo universal pierde su conexión con lo permanente, con lo eterno y tiende a resolverse en una pura dimensión espacial, pero ya no cósmica en el pleno significado de este término: lo universal pasa a ser aquello que resulta válido para todos, pero en *este* tiempo. Posteriormente es la misma universalidad espacial la que entra en crisis por el reconocimiento de los condicionamientos históricos de nación, de clase o de grupo. Finalmente conocer y juzgar significan en la decisión puramente individual, existencialmente totalizante: soy yo, en mi concreta existencialidad el que doy significado al mundo, incluso el que le hago que exista. «La objetividad (*Gegenständigkeit*) total de las cosas —ha dicho con intención crítica Heidegger— reposa en la subjetividad. «L'homme est l'être dont l'apparition fait qu'un monde existe», afirma en tono de triunfo Sartre[6].

La primacía de la conciencia (de la conciencia individual en sentido estricto) no es ciertamente repudiada, incluso es exaltada al máximo en este resultado extremo de la llamada filosofía de la subjetividad». Pero tal exaltación máxima (soberanía *absoluta* de la conciencia) no puede ser obtenida más que en detrimento de su universalidad cognoscitiva y normativa e incluso en detrimento de la comunicación, puesto que si la decisión totalizante es la del sujeto en su singularidad existencial (cabe preguntarse si es lícito después de Kierkegaard fundar la totalidad sobre el individuo), esta se desarrolla bajo el signo de la clausura cuando no de la dominación y de la codicia. ¿Cómo puede ser comunicable esta totalidad, si es totalizante solo en mí y por mí en la irrepetibilidád de mi existencia?

Indiscutiblemente esta absoluta autocreatividad de la conciencia exalta el valor de la libertad, ¿pero lo fundamenta adecuadamente, le da una verdadera

6 Sobre esto véase antes el cap. I.

consistencia, o más bien lo exalta solo con la condición de convertirlo en un mito y en una ilusión?

En el plano óntico, al cual se ha limitado actualmente la conciencia, esta libertad declarada absoluta es continuamente negada, por no decir reprimida, como la experiencia enseña. Se trata por tanto de una libertad solo pensada, soñada, es decir en contradicción con las premisas de aquel plano existencial sobre el cual nos habíamos colocado, esto es, de un mito o una ilusión. Las mismas dificultades se plantean a propósito de la soberanía absoluta de la conciencia por el indisoluble nexo que une soberanía y libertad. No alcanzo a ver cómo pueda ser declarada soberana sino tan solo verbalmente una conciencia encerrada totalmente dentro del exiguo espacio de la singularidad existencial.

En suma, entendida como integral aseidad, la conciencia parece obligada a abocar bien al solipsismo, bien a la voluntad de poder. Pero en el solipsismo (aparte de cualquier otra consideración) los tres términos de los que nos estamos ocupando pierden su significación propia, se disuelven en la indistinción. Ley y autoridad, al convertirse en una ley y autoridad internos a mí mismo, pasan a ser sinónimos de conciencia, sin valor para otros. Si en cambio la conciencia expresa la voluntad de poder, entonces se produce la inversión de la serie. Si *mi* conciencia dicta la ley que vincula a la conciencia de los otros, esta conciencia mía no es otra cosa que autoridad, más exactamente la autoridad del poder.

En conclusión, el acontecer histórico-teorético muestra que la segunda serie o se anula en la insignificancia del solipsismo o se invierte en la primera.

Esta última tendencia —la de la inversión— me parece que caracteriza muy nítidamente la situación cultural de nuestro tiempo. En efecto, en el mismo período histórico en que alcanza su culminación el proceso antes señalado de afirmación extrema del primado de la conciencia, aparece el proceso opuesto de restauración del primado de la autoridad, de una autoridad naturalmente distinta de la antigua. Se trata de una tendencia que incluso hoy se encuentra todavía más en un estado difuso que orgánico; que es quizá más el resultado de paralelismos y de convergencias de hecho que expresión de una coherente totalidad cultural. Ello no obstante me parece que se manifiesta de una forma clara y significativa.

En efecto, en los más diversos campos se impone la primacía y la prioridad de lo colectivo sobre lo individual. Si Augusto Comte[7] en los inicios del desarrollo de esta tendencia a cuya difusión ha aportado una contribución decisiva (baste pensar en su constante lucha contra los derechos en nombre de los deberes) posponía al estadio final del progreso esta primacía de lo colectivo, hoy se ha avanzado todavía más: se afirma claramente que en el principio ya era lo colectivo. Lo colectivo es por tanto el principio.

Así la historiografía actual nos presenta una historia que no es ya sagrada, expresión de una acción divina y providente. No es ni siquiera una historia de «héroes», una historia de individuos, sino de «fuerzas» históricas, a través de las cuales solamente aparece comprensible la acción de los individuos. Igualmente la

[7] Recuérdese su famosa frase: «l'homme proprement dit n'existe pas, il ne peut exister que l'Humanité, puisque tout notre développement est du á la société» (*Discours sur l'esprit positif*) (París, 1909), p. 87.

psicología pasa del análisis del individuo al de las mentes asociadas y después a la psicología de los pueblos y más tarde a la conciencia «colectiva» de Durkheim y a los *cadres sociaux de la mémoire* de Halbwachs, para encontrar finalmente su fundamento en la psicología social. Igualmente la sociología del conocimiento encadena actualmente las ideas al hecho social, en vez de al individual. Incluso la lingüística afirma explícitamente, con De Saussure, que es necesario partir del sistema, del «todo solidario», para comprender los elementos, casi diría los individuos. Los ejemplos podrían ampliarse considerablemente. Pero dejando aparte el más evidente de tal tendencia, el político, haré referencia tan solo a ciertas tesis eclesiológicas y teológicas según las cuales corresponde a la comunidad, la cual sustituye a la comunión, la primacía sobre el individuo.

En los más variados campos, por tanto, la tendencia actual parece establecer la subordinación del sujeto individual, tanto en el conocer como en el hacer, al *nosotros* social. No es un azar que la despreciativa imputación de «metafísica» sea actualmente dirigida también a la filosofía de la subjetividad (que había hecho de aquélla un término negativo), casi reprochándole el haber olvidado la «física social», por decirlo en términos de Comte.

La conciencia individual soberana cede el paso a la conciencia afectiva y racionalmente socializada, a excepción de la esfera privada cada vez más amenazada y estrecha, donde, aunque sea de forma precaria, se concede actualmente refugio a la religión, que en la Edad Moderna era considerada como enemiga del sujeto. La segunda serie es por tanto invertida y la autoridad (esta vez la del *nosotros* social) reasume la primacía, obligando con su ley a integrarse a la conciencia.

El inesperado retorno a la actualidad de la primera serie replantea la discusión haciéndola urgente, puesto que se trata de un retorno *sui generis,* ya que la serie en la que se inspira el pensamiento laico contemporáneo coincide solo *formalmente* con la cristiana. La primacía es otorgada ahora a una autoridad *empírica* —la de un nosotros social histórica y concretamente dado y determinado—, y no a la autoridad universal de otro tiempo. Esta en su dimensión religiosa viene circunscrita dentro de lo particular: la «esfera privada». Lo que resulta más decisivo para el individuo, lo que constituye para él el fundamento y el fin último, es lo que menos autoridad tiene sobre su vida, lo que menos espacio tiene, obligado a disputar el propio «tiempo» a los *divertissements* y a los *hobbies.* Como se ve, se trata de un retorno cargado de sombras.

Hay que subrayar de otra parte el hecho de que el resultado por así decirlo nietzschiano de la filosofía de la subjetividad —la voluntad del poder y el poder como autoridad— y el resultado de la filosofía del *nosotros* vienen a coincidir en la plena subordinación de la conciencia, como se verá mejor enseguida. La conciencia parece por tanto encerrada en el dramático dilema de elegir entre su exaltación a la primacía que la lleva en última instancia a perder significado, y su subordinación, que se concreta en pérdida de libertad y en plena sujeción.

Perspectivas de un análisis de la conciencia

Para un planteamiento diferente de nuestro problema, creo que conviene partir —no obstante las reservas ahora formuladas— de algunos resultados de la cultura contemporánea. Esta, si no me equivoco, autoriza a establecer el siguiente principio (que me parece más bien una constatación): *el objeto de la conciencia precede a la conciencia.* Mi mismo yo *es* anterior a la autoconciencia. Creo que ello se demuestra suficientemente por la influencia que ejerce sobre el yo tanto lo social (y aquella forma primaria de lo social que es el parentesco) en todos sus varios aspectos — biológico, psicológico, cultural, político, etcétera—, como lo profundo, el inconsciente. No hay duda de que el proceso para hacer conscientes tales complejas influencias y para controlarlas no es ni inmediato ni rápido, sino que constituye la trama misma de la vida, el acontecer mismo de la conciencia. La autoconciencia es por tanto en primer lugar conocimiento y no creación de lo que somos. De los «genes» a las ideas, pasando por las costumbres, las tradiciones y la cultura, el yo desde su comienzo se encuentra verdaderamente cargado de historia, de lo *ya hecho,* aunque se trate de un *ya hecho* que se abre al *por hacer* y que lo exige.

Si esto es así, me parece que es necesario abandonar sin demora como totalmente ilusoria aquella posición idealista, en el sentido genérico del término, que porfiadamente permanece en nuestra cultura y que se puede resumir en la fórmula: «el yo *es* en la medida en que es por *sí mismo*». Es necesario decir por el contrario: «el yo *es* en la medida en que es *en relación*». Esta última afirmación debe ser entendida no solo en el sentido óntico-existencial, sino antes aún en sentido rigurosamente ontológico: fuera de la relación (incluida la relación de creación) no *existe* individualidad humana.

Tanto la preexistencia del objeto —que alcanza hasta la preexistencia del yo respecto al yo mismo consciente— como la correspondiente relacionalidad esencial del yo definen la conciencia y aclaran con precisión su configuración estructural: la conciencia (en su significado objetivo) es el *lugar del acogimiento,* es capacidad (antes incluso que acto) de acogimiento. Esto significa que no existe conciencia ni siquiera autoconciencia, sino acogiendo lo que *ya es*[8], y posee de este modo una larga influencia sobre *lo que ya se es,* preformándolo o al menos enderezándolo. En el nivel estructural, la dimensión del acogimiento no es por tanto una libre posibilidad de la conciencia (que si así fuese tendría también la libertad de negar tal dimensión), sino una necesidad de ella: la necesidad de captar la presencia del objeto, del *otro de sí mismo* así, como la del sujeto, el yo como estructura de relación[9].

Estamos de tal modo acostumbrados a registrar el contraste entre la necesidad y la conciencia que el indicado nexo entre ellas puede a primera vista desconcertar[10], pero en el nivel en el que actualmente se desarrolla la presente exposición — el nivel de la estructura— tal desconcierto no resulta a mi modo de ver justificado. En primer lugar, porque se trata de una necesidad propia del estatuto ontológico del sujeto, de la cual depende por tanto el ser mismo del yo. Si es cierto que fuera de la relación con el otro yo no existo, entonces la necesidad del acogimiento

---

8 «La conciencia da a conocer algo, abre», ha escrito Heidegger en *Essere e tempo,* trad. it. (Turín, 1969), p. 402.

9 Desde esta perspectiva, por decirlo con precisión, la conciencia es la capacidad de captar lo *otro-de-sí* y la autoconciencia es la capacidad de captarse a sí mismo como *yo-en-relación.* Ambas capacidades y procesos relativos se pueden distinguir en abstracto, pero no en concreto.

10 Espero por otra parte que desde ahora quede claro cómo la necesidad a la que se encuentra sometida la conciencia, hace referencia a la *dimensión* del acogimiento y no a cada uno de los actos concretos de la conciencia y a su contenido. No puedo negar el acogimiento en cuanto tal, pero puedo, en un caso concreto, no acoger esto o aquello. Esto debe aparecer con mayor claridad como consecuencia del desarrollo del tema.

resulta interna y no externa a mi ser, es constitutiva de mi yo: yo existo *como* acogimiento, o en otros términos el acogimiento es un modo de ser del ente. En segundo lugar, porque es esta necesidad del otro la que constituye y asegura nuestra recíproca dignidad de hombres: una dignidad que no puedo negar al otro, sin negarla al mismo tiempo a mí mismo. Una dignidad por tanto cuya raíz no depende de una variable opción ideológica, de un juicio puramente subjetivo de valor, sino que es establecida por mí misma estructura. Finalmente en tercer lugar, porque si esta necesidad me vincula, me vincula sin embargo precisamente a la apertura, a la disponibilidad hacia el objeto y hacia la alteridad. En este sentido tal necesidad es creadora y liberadora, puesto que acogiendo salgo de lo inerte y de lo cerrado, incluso me libero de la inercia y de la clausura, y por tanto en tal necesario acogimiento recíproco se liberan las potenciales energías individuales. Es en este momento en el que la conciencia de objetiva capacidad de acogimiento se hace *acto* de acogimiento, en el que se desarrolla en su plenitud la conciencia subjetiva en toda su fuerza creadora y liberalizadora.

Pero es necesario todavía añadir algo para completar este esquemático análisis. En efecto, si el acogimiento en cuanto modo de ser del sujeto es una necesidad, ella al mismo tiempo, en cuanto concreta *actividad* de acogimiento (acogimiento en acto) no solo es creadora y libertadora, sino que es incluso actividad *libre*, implica la libertad. De ello nos puede ofrecer un precioso indicio la misma palabra «acogimiento», una vez que la analizamos, siguiendo las enseñanzas de Heidegger, para captar los ecos de experiencia que suscita en nosotros.

Un sitio no libre, no está en condiciones de acoger: repele; para instalarse allí es necesario requisarlo, es decir, obligar a sus ocupantes a abandonarlo. La persona no libre no acoge, sino que sufre la presencia del otro en cuanto que le es impuesto, por esto no es acogedora, sino descortés. La sensatez enseña que para hacerla acogedora es necesario restituirle la dignidad, es decir, restituirle la libertad a sus actos.

Lo que distingue la conciencia del instinto es precisamente el hecho de que la primera es libre. También el instinto se inserta en el horizonte de la relacionalidad (¿y cómo podría ser de otro modo?) y reconoce la alteridad, incluso el instinto es quizá el más sensible registro de la alteridad. Pero el instinto no es libre: o sufre la alteridad o la subyuga. La conciencia en cambio, pese a su interna necesidad del acogimiento, no se limita a sufrir al otro ni a dominarlo, sino que va a su encuentro, discierne, clasifica, comprende y por tanto valora los actos en que se expresa su presencia. Y al tiempo que descubre y reconoce al otro, descubre y reconoce el propio yo, se hace autoconciencia. En esta actividad de comprensión y de valoración, la conciencia no solo se hace libre en cuanto se sustrae a la pura y simple sumisión o preponderancia instintiva, sino que ejercita la libertad.

Existe por tanto una fundamental e indisoluble *dualidad estructural* de la conciencia, que se expresa en la presencia simultánea de la necesidad y de la libertad. No soy libre de ser o no abierto al acogimiento, pero no puedo acoger si no soy libre[11]. La eliminación de unos de los dos términos implica la destrucción de la conciencia. Es importante subrayar que es precisamente la presencia del *otro* la que fundamenta tanto el vínculo como la libertad. Quien, por hipótesis absurda, estuviese *verdaderamente* solo, no se encontraría ciertamente vinculado por y a nada.

---

[11] Y ello vale también en relación con Dios.

Pero no sería ni siquiera libre, sino encerrado en sí mismo en la ausencia de comunicación y de pensamiento y por tanto de conciencia: anulado. En consecuencia el otro me constituye como yo, como conciencia[12]. Esta por tanto exige la alteridad, pero una alteridad objetiva no puramente pensada, creada por mí en mi pensamiento. Si no fuese así no existiría siquiera la alteridad constitutiva del yo, sino tan solo una ilusión narcisista de mi *ego,* encerrado en la contemplación de sí mismo en un juego de espejos.

La ambivalencia del otro y la necesidad de la «Ley»

Si la presencia del *otro* es la condición estructural, y por tanto siempre necesaria para que se constituya la conciencia, el problema es más complejo a nivel existencial. En efecto, la dualidad estructural del individuo —en términos religiosos su participación de lo terreno y de lo divino; en términos filosóficos de lo relativo y de lo absoluto[13]— que lo constituye como ente libre en su obrar, se expresa en una ambivalencia existencial que es precisamente el fruto de tal libertad. Por tanto el *otro* puede manifestarse existencialmente como familiar o extraño, confiado o receloso, simpático o indiferente; servicial o exigente, y así sucesivamente en una cadena de actitudes existenciales opuestas que encuentra su culminación en la ambivalencia de amigo-enemigo.

Tanto en el plano de la existencia como en el de la pura autenticidad centrada en el ego, no existe nada que pueda impedir definitivamente esta inversión del *otro* de la actitud positiva a la negativa. Si es verdad que la estructura misma de la conciencia impide configurar la alteridad como encarnación integral de la enemistad, y por tanto configurar a todos los otros como enemigos que hay que combatir, dominar o destruir, es sin embargo igualmente cierto que esto no impide que muchos otros individuos empíricamente concretos asuman la odiosa figura existencial del enemigo.

Tal posibilidad de inversión continua e incesante coloca a la conciencia en una situación existencial absurda: sin el otro, como se ha visto, ella no puede siquiera constituirse; pero si el otro es libre de mantener su actitud negativa, aquélla resulta continuamente negada. En efecto, el otro —que con su pura y simple presencia me obliga a abrirme y me libera— puede también rechazarme con una actitud defensiva y cerrada y acabar por someterme si se presenta existencialmente en la forma de la negatividad, del «enemigo». En vez de vincularme a la apertura libre y creadora, me obliga a aislarme en la contraposición de la lucha y a encerrarme en la supremacía del *dominus* o en la pasividad del *subditus.* La conciencia estructuralmente abierta puede por tanto en todo momento ser obligada existencialmente a encerrarse, es decir, a anularse. Existe por tanto un desfase decisivo entre estructura ontológica y situación existencial que en cada uno de los individuos pone en peligro continuo, aunque no sea definitivo, a la primera, por lo que hasta lo más cierto es siempre inseguro. Es este el drama mismo del hombre —un drama que puede venir encauzado, obstaculizado o impedido al máximo pero no anulado, ya que en el hombre esencia y existencia no coinciden.

---

[12] El tema ha sido bien comprendido por Castelli: «un ser solo se pierde, es decir no se entiende a sí mismo»; cfr. *I paradossi del senso commune* (Padua, 1970), p. 81.

[13] Cfr. al respecto K. JASPERS, *Ragione e esistenza,* trad. it. (Turín, 1971), p. 73.

Sea como fuere, me parece claro que la conciencia para permanecer siendo ella misma, exige que sea impedida la inversión del otro en su actitud negativa. Exige por tanto la presencia y la intervención de la *«ley»*[14] que prohíba esta inversión de los distintos otros (que somos cada uno de nosotros) y a un nivel más alto establezca su actitud positiva. Aparece aquí —sea dicho de paso— todo el conjunto de las leyes: desde la jurídica, que configura al otro como socio, al mandamiento del amor que lo configura como prójimo, como hermano. Por tanto si la presencia del otro constituye *estructuralmente* la conciencia, la ley que trata de excluir su inversión negativa, garantiza *existencialmente* la conciencia en su apertura. Ello sirve para mostrar la raíz moral también de la ley jurídica como categoría, cualesquiera que sean después sus manifestaciones empíricas.

Pero lo que aquí quizá más nos interesa subrayar es que la exigencia de la «ley» nace precisamente de la necesidad de preservar aquella estructura ontológica de la conciencia —como lugar y como capacidad de acogimiento— que es puesta en continuo peligro por la insuprimible ambivalencia existencial del otro.

Esto implica tres consecuencias principales. En primer lugar la inevitabilidad del desfase entre estructura ontológica y situación existencial hace imprescindible la «ley» como mediación entre lo ontológico y lo óntico. Ni siquiera una ética del amor puede prescindir de una «ley»: tal es el *mandamiento* del amor, puesto que tal ética no es ciertamente derivación necesaria de la estructura ontológica, sino que la integra y la sublima. En segundo lugar la ineliminabilidad de la ambivalencia existencial —y por tanto la constante posibilidad de la inversión— configura la actividad de la «ley» en términos de obligatoriedad moral y no de necesidad material: deontología, no determinismo. Por último, en tercer lugar, hay que observar que si la conciencia depende de la *«ley»* —puesto que es esta la que garantiza que la conciencia en su precisa realización existencial permanezca fiel a su propia estructura— la «ley» a su vez es exigida por el estatuto ontológico del yo, por el cual es fundada. Por tanto lo ontológico y lo deontológico, sin confundirse en absoluto, se implican.

De la ley a la autoridad

Justificada así la necesidad de la ley y su superioridad respecto a la conciencia individual por la exigencia misma de esta conciencia, surge un nuevo problema ante nosotros. La ley requiere inevitablemente una autoridad: la de su autor. Ahora bien, ¿quién es este autor? Obviamente una autoridad[15] capaz de hacer objetiva y objetivante a la ley, es decir, de colocar a los distintos otros en una posición existencial igualitaria, al menos en cuanto a la exigencia de la apertura y del acogimiento, es decir de la superación de la posibilidad de la enemistad.

En el seno de las doctrinas inmanentistas, cuando se excluye la referencia a entidades universales pero del todo evanescentes, como el Espíritu, la Historia, la Especie, se aboca —como se ha visto en nuestros días y he hecho referencia a ello

---

[14] Pongo entre comillas la palabra *ley* para indicar que con ella me refiero al momento de la imperatividad en general, cuya razón de ser y función me interesa determinar. Por esto: a) no me detengo, sino de pasada, en la cuestión de la distinción, por otro lado importante, entre ley moral y ley jurídica; b) no examino las leyes en las que se expresa en concreto la imperatividad tanto en el plano moral como en el jurídico.

[15] Es el «tercero» del que se hablará en el cap. VI.

con anterioridad— a la identificación de la autoridad con una colectividad concreta pero particular: estado, nación, clase, grupo... Tal colectividad se presenta por tanto como sobrepuesta al individuo. Sin embargo resulta muy justificada la duda acerca de que una colectividad de este tipo se encuentre verdaderamente en condiciones de establecer una ley que mantenga *universalmente* abierta la conciencia: una colectividad concreta configura inevitablemente a algunos *otros*, pocos o muchos, *como extraños* (precisamente los extranjeros), destinados casi fatalmente, antes o después, a aparecer como enemigos o a serlo verdaderamente.

Por otra parte, observando aunque sea superficialmente la fenomenología de las colectividades, no es difícil descubrir en ellas una tendencia contradictoria[16]. Cuanto más pequeña es la colectividad tanto más puede fundir la figura del socio con la del compañero: es la comunidad. Pero cuanto más comunitaria, es decir, solidaria sea la comunidad, tanto más abre un profundo hueco en torno a sí y genera extraños y enemigos. Por el contrario cuanto más grande es la colectividad, tanto más reduce la posibilidad de la enemistad (aludo, entiéndase bien, a la enemistad en sentido sociológico) pero en tal caso, al atenuarse la intensidad del vínculo se separa inevitablemente la figura del socio de aquella del compañero y por tanto se generaliza la indiferencia.

Aparte de ello, es muy dudoso que una colectividad concreta pueda presentarse como autoridad suprema si no ha suscitado aquel elevado grado de integración que determina la fusión ideológica y afectiva de varios sujetos en el «nosotros». Pero en tal caso el resultado más probable es la opresión y el embotamiento de la conciencia individual. En las sociedades más abiertas este riesgo mortal viene evitado, pero precisamente porque ellas renuncian, y con toda razón, a presentarse como la autoridad suprema y a atribuir a la propia ley una validez total y una obligatoriedad sobre la integridad de la existencia.

La primera solución —la de la fusión— es obviamente insatisfactoria porque niega uno de los términos del problema: la conciencia; la segunda remite a una autoridad ulterior: aquella autoridad que fundamenta y que es por tanto verdadera autoridad.

En rigor la autoridad que buscamos es aquélla capaz de obligar a la conciencia y mantenerse siempre abierta y acogedora en el plano existencial, y al yo a hacerse amigo de todos, no admitiendo ni legitimando jamás su cerrazón y su hostilidad[17]. En este sentido existencia y esencia vienen a coincidir en el deber, aunque no en los hechos. Esta autoridad no puede ser, por tanto, me parece, más que aquélla del Autor, del cual ha recibido su origen y su propia configuración la estructura ontológica al ser destinada a acoger al otro. En términos religiosos se trata de la autoridad del Dios creador que nos ha hecho hermanos. En esta llamada a la fraternidad en Dios (llamada transcendente a la estructura y a la existencia, a las que sin embargo no niega) la que impide definitivamente, sobre el plano del deber, la aparición del individuó en su actitud negativa del enemigo, porque lo fija igualmente de forma definitiva, siempre en el plano del deber, en la actitud positiva del prójimo, del hermano.

---

16 Este tema será reanudado en el capítulo siguiente.

17 Gracias a lo sobrenatural, observa Castelli: «la relación social... es potenciamiento de nuestro ser en un sistema que nos afianza a nosotros y a los otros» (*Paradossi*, cit., p. 81).

Hemos vuelto por tanto a la primera serie, pero en términos y con un fundamento bien distinto de aquellos que definían el retorno a ella en la cultura inmanentista contemporánea. Y sin embargo en términos que no son del todo extraños o incomprensibles para aquélla, en cuanto que nacen también de la reflexión sobre nuestra experiencia actual. Se trata por tanto de un modo y de un fundamento nuevos pero al mismo tiempo antiguos e incluso permanentes.

Por tanto la autoridad vuelve a asumir en la perspectiva aquí propuesta la primacía, pero en cuanto se trata de aquella Autoridad que es Dios. Es esta la autoridad que no solo libera a la conciencia de toda posible cerrazón existencial –*veritas liberabit vos*– sino que la constituye libre porque, acogiendo y meditando, puede responder *Abba, Pater*. Por esto en el plano ontológico (aquél destinado por la creación a la «llamada»), y en el plano existencial de perfil escatológico (aquel que coopera a la «llamada») es la primera serie la que fundamenta a la conciencia en su integridad. Por el contrario, la conciencia debe seguir la segunda serie por lo que respecta al orden puramente mundano, en particular al socio-político. En este orden, ninguna autoridad terrena podrá asumir legítimamente la primacía respecto a la conciencia, la cual tiene el derecho de ser libre, ya que es el lugar privilegiado de la atención y del acogimiento, sobre todo del Dios vivo.

En la perspectiva aquí indicada, por tanto, la conciencia individual se coloca en el centro de un complejo proceso dentro del cual aparece, en el orden de la integridad, como término final de la primera serie y en el orden mundano, como término inicial de la segunda.

III.

SOBRE LA RELACIÓN ENTRE POLÍTICA Y DERECHO

Filosofía del derecho y filosofía de la política

Una discusión de principios, como aquí pretende realizarse, sobre la relación entre la política y el derecho, no puede dejar de beneficiarse de una ojeada preliminar a la cuestión de las relaciones existentes entre las respectivas investigaciones filosóficas. Tal cuestión —como todas las relativas a la definición del ámbito de investigación de actividades cognoscitivas contiguas— se ha planteado solo muy recientemente. Sin embargo, la filosofía de la política, aunque recién aparecida en Italia como disciplina académica específica, es tan antigua como la filosofía del derecho y ambas lo son como el filosofar en general. Esta común antigüedad —si no se quiere hablar de perennidad— hace poco útil, en mi opinión, la enunciación de una definición *puramente* impuesta o pactada de sus respectivos ámbitos, que se base solamente en el trabajo actual de la investigación.

Quizá fuese más interesante, a los efectos de la determinación de sus funciones respectivas, determinar qué caracteres específicos han atribuido a los fenómenos estudiados estos dos tipos de actividad filosófica en el curso de su desarrollo secular. Tanto más cuanto que esto ha dado lugar en el pasado, aunque quizá en forma generalmente indirecta o implícita, a no despreciables indicaciones en el orden de la sistematización epistemológica de sus relaciones. Pero el presente estudio no tiene la pretensión de afrontar una empresa tan vasta y debe limitarse tan solo a sugerir su utilidad.

En todo caso vale la pena observar que la cuestión de la que aquí me ocupo ha suscitado en estos años un interés bastante menor que otras cuestiones semejantes; por consecuencia ha ocasionado intentos de solución menos profundos y compartidos. Ello se debe atribuir en gran parte al hecho de que las mismas relaciones entre política y derecho aparecen bastante complicadas e inciertas a causa de su afinidad. Tanto una como otro se presentan en efecto como sistemas de control de la vida social, que comprenden una dimensión de organización (o estructural-institucional) y una dimensión vital. Aparte de ello tanto la política como el derecho se proponen el fin de hacer posible la convivencia en sociedad y por tanto se concretan más o menos exclusivamente en proposiciones prescriptivas. Me parece muy sintomático a este respecto que se haya dedicado mucha mayor atención a distinguir el derecho de la moral o la política de la moral (temas que se pueden considerar en verdad ya clásicos) que a distinguir política y derecho entre sí. ¿Resulta ello testimonio de la dificultad del problema o bien de su escasa relevancia? No es aquí el momento de intentar una respuesta.

Tal como se presentan las cosas, en mi opinión, no se trata, por lo menos en lo que se refiere a las dos filosofías en cuestión, de determinar para cada una de ellas (deductiva o inductivamente) «campos» precisos de investigación, con sus respectivas fronteras infranqueables y exclusivas. Este tipo de definición de una disciplina, que se expresa en los modos de una sospechosa *actio finium regundorum*, y de una pundonorosa reivindicación de autonomías creo que se encuentra históricamente superado. Ciertamente no se trata de conceder a un nuevo ocupante un pedazo de terreno de confines bien delimitados para garantizar la titularidad del remanente al viejo poseedor. Si no me equivoco, lo que hoy interesa sobre todo es precisamente la *relación* en el sentido auténtico de la palabra, es decir aquel contacto, intercambio y a menudo complemento de las investigaciones y de sus resultados, que son exigidos por las necesidades mismas de la vida.

Por otra parte, me parece esta la enseñanza más sólida que se puede obtener de la tradición. De Platón a Hegel sería muy difícil y quizá poco provechoso distinguir con exactitud lo que pertenece a una u otra disciplina. No es casual que a menudo los títulos resulten especialmente engañosos cuando más explícitos aparecen. Pensemos en la *República* o en *Las Leyes* de Platón, o en la *filosofía del Derecho* de Hegel. Naturalmente la sustitución de la perspectiva del «campo» por la de la «relación» no anula la diversidad (y por tanto la división o la especialización del trabajo científico), incluso en cierto sentido la exige, ya que no existe relación sino entre entidades en algún modo diferentes. Sin embargo, la idea de relación subraya la *continuidad* de esta diversidad y la idea de función de un conocimiento en comunicación.

Volviendo a nuestro problema, conviene recordar las más interesantes sistematizaciones propuestas de las relaciones entre las dos disciplinas (sistematizaciones que más o menos explícitamente indican la continuidad entre ambas y la complejidad de su distinción). En grandes líneas me parecen reducibles a dos esquemas, uno de los cuales a su vez admite al menos dos variantes (y posibles subvariantes que no me detendré a indicar). Son:

1) El esquema que llamaré *piramidal*, según el cual la política y el derecho son dos estratificaciones, por así decirlo, o zonas de comportamiento superpuestas, (y por tanto diferentes pero conectadas) de la vida en sociedad. Por tanto una filosofía se superpone a la otra. Ello da origen a dos posibles soluciones: a) Primacía de la filosofía política, como consecuencia de la primacía de la política[1]; b) Primacía de la filosofía del Derecho, como consecuencia de la primacía del derecho[2];

---

1 Es la actitud que puede ser atribuida, por ej., a Hegel entre los clásicos, y si bien en un sentido muy distinto, a A. d'Entrèves entre los contemporáneos, para el que la esfera de la legalidad se encuentra sometida a la de la autoridad, a la del «valor» político. (Cfr. *La dottrina dello Stato*, Turín, 1967).

2 Es la tesis que cabe hallar en general en los yusnaturalistas, los cuales subordinan la política al respeto a la ley natural. Pero en un cierto sentido es también la solución de Max Weber, dado que considera la legitimidad *legal* como la forma más elevada de legitimidad. Apenas hace falta indicar que estos ejemplos, como los precedentes, poseen tan solo un valor indicativo.

2) El esquema que llamaré de las vertientes, según el cual política y derecho son dos aspectos o caras del mismo fenómeno —el asociativo— y por tanto filosofía política y filosofía jurídica iluminan cada una vertiente del mismo fenómeno[3].

No es mi intención desarrollar una crítica directa de tales esquemas, prefiero proponer un tercero, que me parece que corresponde mejor a la condición dialéctica de la existencia, a la que actualmente dirijo mi atención. Utilizando la conocida imagen bergsoniana, lo designaré como esquema de las *líneas divergentes*. Según tal esquema política y derecho encuentran su origen común en una determinada condición de la existencia, a la cual por otra parte, dada su problematicidad, ofrecen respuestas divergentes, y sin embargo ambas auténticas en cuanto existencialmente fundadas. Estos sus fundamentos existenciales (que inmediatamente trataré de precisar) constituyen los *Ur-phanomene* —es decir, los fenómenos primarios y originales— en los cuales se manifiesta, en *estado puro*, la esencia fenomenológica de una y otra actividad práctica: la política y el derecho. Tales *Ur-phanomene* constituyen, en mi opinión, el núcleo central a partir del cual se desarrolla la actividad teorética de las respectivas filosofías.

Según la hipótesis aquí propuesta la política y el derecho son dos movimientos existenciales, que si se desarrollan en su pureza dan lugar a dos líneas divergentes en respuesta al *mismo problema existencial*. Es por tanto necesario comenzar por la determinación de este.

El origen común

Me veo obligado a presentar en forma de postulados, acompañados solo de un pequeño comentario, una tesis que en verdad necesitaría de una más amplia justificación. Espero sin embargo que la presente exposición resulte suficientemente clara y satisfactoria[4].

I Postulado: Considerado en el nivel ontológico, (o estructural) el sujeto no se presenta como un ente cerrado, autosuficiente y autónomo; sino como un *ente-en-relación,* un *ente-en comunicación*[5]. El yo no *es* (y por tanto no puede ser) sin el otro, tanto desde el aspecto teorético-cognoscitivo, como desde el aspecto práctico-activo. Me parecen decisivas a este respecto las enseñanzas de la genética (desde la perspectiva de la biología), del psicoanálisis (desde la perspectiva de la psicología) así como de la historia (desde la perspectiva cultural), las cuales ponen comúnmente de relieve, confirmándose recíprocamente, la estructura relacional del sujeto. En esta perspectiva el *otro* es necesario, en el sentido estricto de la palabra, para la constitución misma del yo, es decir que la alteridad es elemento esencial (y a los efectos de la presente exposición suficiente) de lo que se podría llamar el estatuto ontológico del yo.

---

3 Este esquema se puede encontrar en MERLEAU-PONTY, *Humanisme et terreur* (París, 1947), pp. 34-5, y en el artículo de NORBERTO BOBBIO, *Sur le principe de légitimité,* en VARIOS, *L'idée de légitimité* (París, 1967), pp. 47-60, especialmente pp. 52-4; ahora también en N. BOBBIO, *Studi per una teoria generale del diritto* (Turín, 1970), pp. 79-93.

4 Para mayores precisiones, véase el cap. II.

5 De análogo planteamiento obtiene valiosas observaciones para una teoría de la sociedad LEONARD G. BOONIN, «Man and Society: An Examination of Three Models» en *Voluntary Associations,* a c. de PENNOCK y CHAPMAN (Nueva York, 1969), pp. 77-82.

Por tanto la conciencia como potencia puede ser definida como el lugar del acogimiento del otro, la conciencia como acto, como acogimiento y la autoconciencia como conciencia de mi ser-en-relación[6]. Ahora bien, lo que aparece necesario en el plano ontológico es la presencia *objetiva, real* del otro, independientemente de cualesquiera connotaciones o movimientos afectivos de aquél y de la relación misma. Por ello, como demuestra suficientemente el psicoanálisis, se puede ser totalmente inconsciente de la decisiva influencia del otro sobre nosotros en todo momento.

II Postulado: considerada en el nivel *óntico* (o fenoménico), la relación, no obstante su necesidad ontológica, se presenta en una vastísima gama de formas, diferentes por su matización y sus grados afectivo-intencionales. Sin embargo, ellas aparecen ordenadamente de acuerdo con un esquema bipolar, que puede ser reducido a la dualidad antitética fundamental de la *amistad-enemistad.* En efecto, el otro (y en la relación cada *yo* es el *otro* del otro-yo) de acuerdo con las variaciones del punto de vista, puede asumir en la realidad existencial de la relación la modalidad del «amigo» o la del «enemigo». La experiencia lo demuestra claramente.

Es bastante probable que sea la misma estructura ontológica la que ocasione esta doble posibilidad existencial. No es necesario profundizar aquí en semejante exploración del nivel ontológico. Es suficiente recordar a este respecto las indicaciones bastante elocuentes ofrecidas por la más reciente psicología de lo profundo, la cual insiste idóneamente sobre la estructura dualista, y no monista, del yo, expresada en los términos freudianos (reelaborados sobre todo por Melanie Klein) de *eros y thanatos,* de impulsos solidarios y de impulsos destructivos. Esto es... amistad y enemistad. No me detendré a subrayar la singular coincidencia de la perspectiva psicoanalítica, en este punto, con la concepción cristiana: *sapientibus pauca.*

Una reflexión, por simple que sea, sobre los dos postulados que acabo de comentar brevemente, puede mostrar, si no me equivoco, lo que he denominado origen común del derecho y de la política. A tal fin, tratemos de precisar mejor en primer lugar la situación que resulta de tales postulados. Así aparece en efecto: a) que la estructura ontológica del yo como ente-en-relación, aún siendo permanente y por tanto ineliminable, no puede sin embargo impedir la *variabilidad* óntica (afectiva, del comportamiento) del yo y por tanto de la relación existencial; b) que la posibilidad óntica de la enemistad no puede a su vez anular la *necesidad* ontológica de la relación —de hecho la enemistad es siempre, estructuralmente, una relación— pero puede darle sin embargo un sentido negativo, haciendo que se matice de variables y diferentes tensiones.

Aparece así una situación existencial caracterizada por la inestabilidad y la continua posibilidad de la inversión de la dirección y el sentido afectivo— intencional de las relaciones: de la amistad a la enemistad, y viceversa. Lo que hace inaceptable el optimismo ontológico y el racionalista, propios del iluminismo, así como el empírico, propio del utilitarismo.

En este punto resulta posible dar un nuevo paso adelante en el análisis: la pura y simple posibilidad de la enemistad es suficiente para representar una amenaza mortal para el individuo. De hecho mi conciencia (y con ella mi persona) se encuentra siempre sometida al riesgo de ser ofuscada, enajenada, subyugada por la

[6] Y esto prueba, me parece, que la autoconciencia, teniendo una base y una estructura permanentes, es sin embargo un proceso inagotable.

enemistad del otro, el cual sigue la línea del *thanatos*, según la lógica persecutorio-depredadora. Y esto, indiscutiblemente, constituye un riesgo insoportable para la conciencia humana. Y si alguno, o muchos incluso, terminan de hecho por soportarlo pasiva o inconscientemente, tal resignación no puede ser erigida a principio y generalizada hasta llegar a constituir una dimensión común a toda la humanidad. El dominio de las conciencias admitirá siempre excepciones, por lo menos a favor de quien lo ejerce[7].

La insoportabilidad de la amenaza implícita en la posibilidad negativa de la relación (o enemistad) es precisamente la que provoca como respuesta la reacción protectora de la posibilidad positiva (o amistad): a los impulsos del *thanatos* responden los del *eros*[8]. La presencia simultánea de las dos posibilidades y el complejo juego de sus acciones y reacciones ilumina la problematicidad y la conflictualidad de la existencia. Pero no se trata de la simplista conflictualidad unidireccional, indicada por ejemplo por Hobbes, que toma en consideración solamente el conflicto causado por el común impulso persecutorio-depredador (*homo homini lupus*). Nos encontramos en realidad ante una más compleja conflictualidad (que quizá fuera mejor designar como dialecticidad) entre dos tendencias igualmente naturales en cuanto igualmente dadas en las posibilidades de la existencia: amistad y enemistad. La existencia no se caracteriza por tanto por el hecho de que todos sean enemigos, en lucha unos contra otros (tesis hobbesiana), sino, más profundamente, por encontrarse lacerada por dos movimientos antitéticos, sometidos a la posibilidad de transformarse continuamente uno en otro.

Si el presente análisis no es equivocado, sirve para poner de relieve la separación entre la ineliminabilidad de la relación en el nivel ontológico y la variabilidad y conflictualidad de sus formas a nivel óntico. Tal desfase hace que la existencia quede caracterizada por la *insecuritas*, de la cual surge el conjunto de mecanismos protectores, los cuales se renuevan continuamente, como el telar de Penélope, bajo la agresión de los mecanismos destructivos. En el seno de esta fundamental *insecuritas* surge el problema, verdaderamente decisivo, de la respuesta. Mi tesis es que política y derecho constituyen precisamente respuestas existenciales de tipo asociativo, que tratan de eliminar la *insecuritas* de las relaciones y por tanto intentan desarraigar la posibilidad de la enemistad en el plano social. Pero a pesar de su común origen y finalidad se encarnan en soluciones que siguen líneas entre sí divergentes.

Las dos líneas divergentes en el plano interpersonal

Antes de examinar las direcciones respectivas del derecho y de la política, como respuestas de tipo asociativo al problema antes enunciado, conviene exponer, aunque sea esquemáticamente, las respuestas de tipo interpersonal. La razón de la conveniencia de tal exposición estriba en el hecho de que, como veremos, entre estas y aquellas respuestas existen significativas analogías, y en que en el plano

---

7 Superfluo resulta advertir que aquí he simplificado el razonamiento. Por otra parte, el análisis desarrollado por Hegel (en la *Fenomenología del Espíritu*) de la relación señor-esclavo, destinado a ser superado, constituye un ejemplar testimonio de la imposibilidad de una sumisión total.

8 Naturalmente sería posible, y además muy interesante, describir la evolución existencial a partir del *eros*, indicando como este, cuando alcanza su plenitud, corre el riesgo de volverse posesivo y por tanto da origen a la reacción de separación e incluso de odio: *thanatos*. Como se verá a continuación, en la política se encuentra también esta segunda línea.

interpersonal se manifiesta también una divergencia de tendencias. La adhesión a la realidad existencial tanto del presente análisis como del esquema de las líneas divergentes, con todo lo que ello implica, encontrará así una nueva prueba.

En el plano interpersonal las respuestas típicas a la *insecuritas* son las de la amistad, entendida en sentido propio (amistad personal), y la de la caridad[9], o de su versión secularizada, la filantropía (cuyas profundas diferencias con la caridad en sentido cristiano no son relevantes a los fines de la presente exposición). Ellas se desarrollan según dos líneas divergentes, ya que la amistad tiende a la singularidad y a la irrepetibilidad de la relación de intimidad personal y la caridad, por el contrario, a su universalización: *cualquier otro,* todo posible individuo, es el «prójimo». En otros términos, en la primera tendencia existe una convergencia hacia el centro: de la individualidad separada de las personas individuales a la unión amistosa, dotada de simpatía. En la segunda en cambio se da una difusión desde el centro a la periferia, al horizonte-límite: del yo a todos; se podría incluso decir que el centro tiende a coincidir con cada punto, incluso en el horizonte-límite.

No es este el momento de detenerse aquí en el análisis, complejo y fascinante, de estos tipos de relación, análisis por otra parte ya efectuado por otros[10]. Será suficiente ahora aclarar un poco mejor la diferencia de fondo existente, y que a primera vista podría no percibirse, o parecer solo cuantitativa. En efecto, para rechazar o anular la posibilidad de la enemistad, no existe otra vía interpersonal que aquélla... de establecer la amistad. Se podría por tanto pensar que la caridad (o la filantropía) no es otra cosa que universalización de la amistad, y que por tanto no se distingue de esta, sino que la prolonga. En un cierto sentido, desde el punto de vista de la conceptualización puramente formal, esto no es inexacto. Pero desde los puntos de vista tanto estructural como operativo (y quizá más desde aquél que desde este), las dos actitudes son radicalmente distintas.

En efecto, si se considera a la amistad en su pureza fenomenológica, es decir, en cuanto fenómeno típico, ofrece la estructura de una relación *dual* y se experimenta en la convergencia de la *dualidad*, por la perfecta transparencia y simpatía que exige e instaura entre individuos objetivamente diferentes. Se puede sin duda ser amigo de más y más personas; sin embargo esto significa solamente la contigüidad, afinidad o superposición, *siempre parciales,* de diferentes relaciones duales de amistad. Parece difícil que la amistad de grupo (propuesta no solo en nuestros días) logre eliminar cualquier disparidad afectiva e instaurar una perfecta identidad de las relaciones de simpatía en el interior del grupo. En todo caso la amistad de grupo no es en absoluto universalizable, como veremos en el parágrafo siguiente.

La caridad (e incluso la filantropía) tiene en cambio estructura *ternaria* y se experimenta en una relación ternaria, en cuanto presupone o exige la presencia de un «tercero» —mediador, englobante, unificante, (Dios, la humanidad)— que es el único que está en condiciones de hacer posible la instauración de una relación de intimidad del yo con todos. La caridad en suma, exige este «descubrimiento del Uno en el otro», del cual —como observa Karl Barth— surge la posibilidad del

[9] La caridad viene aquí considerada desde la pura perspectiva fenomenológica, prescindiendo de toda referencia teológica.

[10] Cfr. el profundo libro de L. LOMBARDI VALLAURI, *Amicizia, Carità, Diritto* (Milán, 1969), donde se encontrará además valiosa bibliografía sobre el tema.

amor incluso para el enemigo[11]. La diferencia es fundamental, ya que respecto a la dualidad amistosa el tercero es siempre elemento parcialmente extraño, a veces perjudicial y a menudo molesto, pues se presenta en una gama que va del «vecino» y «conocido», al enemigo. Ello prueba que amistad y caridad son dos vías que no se prolongan, sino que divergen, y dan lugar respectivamente a una relación «cerrada», y a una relación «abierta», por emplear los famosos términos bergsonianos.

La exposición que acabamos de hacer es puramente fenomenológica y no desea concluir con ningún juicio de valor. Este sin embargo podría aparecer implicado en cuanto ya se ha dicho, puesto que entre las dos respuestas existe una evidente diferencia de resultados en cuanto a la seguridad. La amistad excluye en efecto la enemistad, pero fragmentariamente, a segmentos no unidos entre sí, mientras que la caridad la excluye universalmente: la elección debería resultar obvia. El cálculo utilitario debería asignar por tanto la primacía a la caridad por su máxima aptitud para eliminar la inseguridad.

En realidad, la cuestión es bastante más compleja de lo que permite captar el cálculo utilitario, que además resulta extraño e incluso contrario a las dos actitudes de las que estamos hablando. En efecto, desde la perspectiva del compromiso la amistad es más espontánea, más «natural» que la caridad. Esta, en cuanto exige el «tercero» unificante, solo es comprensible desde una concepción del hombre en la cual «l'homme passe infinement l'homme» —como decía Pascal, del cual se hace eco exacto Heidegger: «La esencia del hombre consiste en que el hombre es más que el puro hombre»[12]. Es decir, que la esencia del hombre supera lo existente. El compromiso de la caridad se desliza suspendido de este sutilísimo y vertiginoso hilo. Y sin embargo tal compromiso corresponde demasiado bien a la estructura ontológica del sujeto como yo-en-relación, y en relación abierta a todos los posibles acogimientos, para poder ser excluido a priori como pura fantasía.

Las dos líneas divergentes en el nivel social: la política

Las consideraciones hechas sobre las respuestas interpersonales interesan aquí sobre todo porque pueden ofrecer (como ya he indicado) un valioso indicio, en términos de analogía, acerca de las respuestas de tipo asociativo. Estas se diferencian de aquéllas principalmente porque se expresan no ya en la forma de la «comunión», sino en la forma organizativo-institucional. Y sin embargo la divergencia de dirección observada en unas se puede observar análogamente en las otras. Es lo que corresponde indicar ahora.

La línea del grupo institucionalizado.— Se ha visto que respecto a la amenaza de la enemistad la respuesta amistosa es de por sí fragmentaria y por tanto insuficiente. Si en efecto posee la capacidad de anular tal amenaza en la relación dual de convergencia, fracasa más allá de esta por su intrínseca falta de universalidad: aún cuando yo fuese amigo de todos, no por esto mis amigos serían amigos entre sí. Por otra parte, la amistad personal es además completamente inadecuada frente a la enemistad que se presente no en puros términos afectivos y psicológicos, sino materiales, de fuerza. En este último caso, ya no resulta suficiente la protección, o la compensación, que puede ofrecer la relación de

[11] Cfr. BARTH, *L'epistola ai Romani,* trad. it. (Milán, 1962), pp. 466 y 455-6.

[12] *Über den Humanismus* (1946), que cito por la edición bilingüe (París, 1964), p. 106. El conocidísimo pasaje de Pascal se encuentra en sus *Pensées*, n. 434 (ed. BRUNSCHVIGG).

amistad puramente personal con otros. Por su parte la caridad se encuentra *desarmada.* Elimina ciertamente *mi* ambivalencia —ya que me mueve a amar a todos— pero no garantiza en absoluto que cese la ambivalencia del *otro.* La caridad no es necesariamente *desarmante.*

En esta situación de insuficiente protección, se tiende «naturalmente» a reaccionar con la fuerza frente a la fuerza, lo cual determina de este modo una superación de la relación amistosa en sentido estricto (de simpatía personal), ya que exige la *organización* de los amigos y no solo su sintonía afectiva[13]. La amenaza de la acción persecutoria, que se expresa en términos de fuerza puede suscitar sin duda una respuesta contra la persecución, de tipo individual o bien de tipo solidario-interpersonal, pero no se limita a esto, sino que tiende a transferir la respuesta solidaria del plano interpersonal al social en sentido propio (organizativo-institucional).

El grupo organizado, cualesquiera sean sus formas y su amplitud, constituye la respuesta a la enemistad como fuerza: Este es, a mi juicio, el *Ur-phänomen* de la política. Entiéndase bien: con este término no pretendo designar el hecho *originario* del cuerpo político desde el punto de vista de su génesis histórica, al modo de los viejos jusnaturalistas. Lo que intento es indicar el núcleo *original* y característico desde el punto de vista fenomenológico, en torno al cual se constituye en su especificidad la política en todas sus manifestaciones. Es decir, que si mi exposición tiene la forma de la descripción de una sucesión de hechos, ello debe ser atribuido solamente a la oportunidad de presentar tales hechos en una escala que va de lo simple a lo complejo, pero que no implica en absoluto una sucesión cronológica[14].

La relación política en su pureza consiste por tanto en la *solidaridad* de grupo frente a la amenaza de la enemistad, que puede incluso ser la de la «naturaleza» hostil, árida, caracterizada por la penuria, como dice Sartre, en la *Critique de la raison dialectique*[15]. El vínculo político, y más profundamente, la obligación política poseen su fundamento real y su justificación deontológica en esta situación. Estamos obligados porque vivimos y estamos vinculados recíprocamente, y estamos vinculados recíprocamente porque nos encontramos amenazados por la enemistad, la cual genera solidaridad. En esta perspectiva, el bien común es la delimitación en términos axiológicos del grupo: el *bonum commune,* el *common wealth,* constituye la *res-publica,* el *Commonwealth*[16].

---

13 Es este un tema antiguo, especialmente desarrollado por Aristóteles (por. ej., en su *Etica Nicomachea,* VIII, 9-12, sobre el cual véase L. LOMBARDI VALLAURI, op. cit., pp. 46 ss.). Para el presente, véase J. MARITAIN, *Humanisme intégral* (París, 1936), pp. 217-9 y B. DE JOUVENEL, *De la souveranité* (París, 1955), pp. 153-6 y 163-82.

14 Desde este último punto de vista es incluso probable que la respuesta organizada de la política preceda a la personal de la amistad. Sea como fuere, la cuestión aquí no nos interesa: tales procesos pueden ser incluso sincrónicos.

15 Este punto ha sido también muy bien captado por W. J. ONG, *The presence of the Word* (New Haven, 1967), cap. 5 en la trad. italiana *La presenza della parola* (Bolonia, 1970), pp. 222-4.

16 Resulta casi obvio advertir que aquí el «bien común» posee un significado formal, susceptible de los más varios contenidos históricos. Para una interesante discusión del tema, véase B. DE JOUVENEL, *De la souveranité* cit., pp. 139-61 y A. PASSERIN D'ENTRÈVES, *La dottrina dello Stato,* cit., pp. 313-26.

El movimiento típico de la política es por tanto *centrípeto,* de tipo solidario y unitivo[17]. Y en efecto, significado unitario y unitivo tienen los símbolos de la relación política: del altar de los padres a la cerrada corona de los soberanos, en heráldica; del árbol de la libertad a las manos unidas bajo el gorro frigio; de la bandera al uniforme. Unitarios son también los símbolos a los que recurre la reflexión política: la nave de Sócrates y de Platón, el pastor del pueblo de tantos escritores cristianos, el cuerpo o el organismo de una tradición casi ininterrumpida...[18]. Significado unitivo tiene a su vez el protagonista de la acción política que expresa siempre, pese a sus más variopintas manifestaciones históricas, una lógica solidaria. De la definitiva fórmula aristotélica *zoon politikón* —más acá y más allá de la cual no hay más que vida infrahumana o sobrehumana— al *civis* romano, del *homme lige* y del *suzerain* del pacto sinalagmático medieval al *citoyen* de la revolución francesa, del patriota al camarada proletario, existen numerosos ejemplos entre los que resulta difícil elegir.

La identidad política y la identidad de la política se realiza por tanto en la relación de solidaridad centrípeto-solidaria, que surge dialécticamente mediante la negación, de la negación, del desafío de la enemistad. Si es cierto que se le debe reconocer a Carl Schmitt el mérito de haber formulado explícitamente la relación política en términos de amigo-enemigo[19], es igualmente cierto que en el mismo sentido se han expresado, con significativa continuidad, numerosos pensadores desde los tiempos más remotos. El tema reaparece con particular insistencia a partir de la época moderna, cuando se cierra aquel ciclo imperial que del imperio romano al cristiano se había elevado al sueño de una «amistad» política universal, y triunfa progresivamente el Estado soberano. Pensemos en Maquiavelo, Hobbes, Rousseau, Hegel, para llegar hasta Sartre... Por otra parte, la confirmación definitiva de cuanto vengo diciendo la tenemos ante la vista: Israel, el pueblo disperso casi durante dos mil años, *apolítico* en cuanto colocado únicamente bajo el signo de lo divino[20] ha encontrado en nuestros días su identidad *política* en el movimiento centrípeto en cuanto la presión perseguidora de la enemistad ha sido tal que ha prevalecido sobre su aceptación de la misión de testimoniar a Jahvé en el sacrificio.

Pero si la política se expresa en el movimiento centrípeto que he descrito, este a su vez posee dos vertientes opuestas. Bergson ha captado con agudeza esta dualidad al revelar que en la *polis* se concilian las dos máximas opuestas —*homo homini Deus* y *homo homini lupus*— en cuando la primera se refiere al conciudadano

---

17 Es lo que olvidan los que subrayan unilateralmente *solo* el aspecto de violencia del poder político como por ej., Guicciardini: «El Estado o el imperio no es otra cosa que violencia ejercida sobre los súbditos, mitigada en algunos casos con algún aspecto de honestidad» (en *Dialogo e discorso del reggimento di Firenze* (Bari, 1932), p. 222.

18 Sobre el tema véase MANUEL GARCÍA PELAYO, *Miti e simboli della politica* (Turín, 1970).

19 Cfr. *Der Begriff des Politischen* (1927), Berlín, 1963. Es una tesis renovada hoy con energía por J. FREUND, *L'essence du politique* (París, 1965).

20 Ello había sido ya observado agudamente por Hegel en su *Jugendschriften,* aunque en un sentido negativo que no acepto en modo alguno: para mí Israel es el ejemplo más significativo de cómo un pueblo puede mantener su identidad independientemente del vínculo político. Sobre la concepción hegeliana de la política, véase mi comunicación *La signification de la politique chez Hegel et chez Bergson* presentada al congreso sobre «La filosofía política de Hegel», celebrado en Heidelberg en setiembre de 1970, cuyas actas serán publicadas en un próximo volumen de los «Annales de Philosophie Politique».

y la segunda al extranjero[21]. Ellas expresan en efecto los dos estímulos antitéticos en que consiste la unidad dialéctica de la política. Así como en el caso de la amistad personal el tercero se presenta como extraño, en algún modo siempre molesto, en el caso de la política quien se encuentra fuera de los confines patrios es el *extranjero,* objeto de asombro («comment peut-on être Persan?» ha hecho decir a los parisinos la aguda ironía de Montesquieu) de inquietud y de sospecha: potencialmente un enemigo.

La política tiende por tanto a hacer desaparecer el recurso a la fuerza en *el interior* del Estado, en la medida en que logra que se tome conciencia del movimiento solidarista-unitivo que lo constituye. La política es una economía de la fuerza. Sin embargo *en el exterior* del Estado la fuerza permanece y se vigoriza. Cuanto más fuerte es un Estado, mejor puede hacer frente a la enemistad de los «extranjeros», pero por esto mismo suscita un mayor temor.

¿Se puede superar esta antinomia, según la cual cuanto más unido está el cuerpo político y más «amistoso» es, tanto más suscita la enemistad en el exterior? No parece posible. Pensemos en el doble aspecto que asume existencialmente el bien común: para ser realmente unificante debe ser en verdad común, es decir, participado y sentido como participable[22], pero precisamente a causa de ello es también aquello que más debe defenderse y por tanto que más separa de los «extranjeros». Buena conciencia de ello tenía Rousseau (el cual es verdaderamente el místico y el mitificador del Estado, y no Hegel), al escribir en el *Emile*: «tout patriote est dur aux étrangers».

Por otro lado, el intento teórico quizás más importante de resolver el drama de la enemistad siempre presente, sin por ello superar el ámbito de la política— el realizado por Hegel con su teoría del «reconocimiento»— se detiene ante la inevitabilidad de la guerra y acaba por entregarse al impasible juicio del Espíritu del mundo[23].

Pero podría objetarse si no es posible acaso organizar el mundo entero al modo de una cosmópolis que, no estableciendo ya fronteras entre los hombres, dejaría de provocar la enemistad en su exterior. Es esta una empresa que ha sido intentada con los imperios, organizaciones *políticas* que tienden a la ecumenicidad[24]. Sin embargo creo que nadie ha subrayado mejor la contradicción ínsita en los imperios que Montesquieu en sus *Considerations sur les causes de la grandeur des Romains e de leur décadence.* Los imperios nacen de una entidad política sólidamente coherente y solidaria, pero su acmé indica el inicio de la decadencia: es su misma extensión la que determina la erosión de aquella soli-

---

[21] Cfr. *Les deux sources de la morale et de la religion* (París, 1951), cap. 4, p. 305. Sobre esto, véase mi escrito citado en la nota anterior.

[22] ¿No es cierto acaso que las escisiones y las revoluciones ocurren cuando ya no nos identificamos más con un «bien *común*»?

[23] Cfr. *Philosophie des Recht's,* parágrafos 330-40; a este respecto véase mi escrito antes citado.

[24] Aunque sea de paso, B. Crick señala con precisión que los imperios constituyen una forma de organización totalmente especial, cfr. *In Defense of Politics* (Londres, 1964), cap. 1 (trad. it. Bolonia, 1969, p. 21). Sobre la idea de imperio, v. las agudas observaciones de GILSON, *Les metamorphoses de la Cité de Dieu* (Lovaina-París, 1952), pp. 5 ss. (trad. it., Milán, 1959, p. 14).

dez interna que había sido la causa de aquélla... El movimiento centrípeto parece no poder mantenerse si la circunferencia que lo une al centro se identifica con el horizonte global de la humanidad. No pretendo con ello excluir la posibilidad de una unidad ecuménica[25], sino que me parece que esta no puede derivarse de un movimiento *exclusivamente* político.

La política no elimina por tanto la inseguridad existencial, ya que en ella amistad y enemistad *coalescunt und convertuntur.* Lo ha reafirmado recientemente con especial eficacia Sartre, en su análisis de la función decisiva del «terror» tanto en dar vida al «grupo en fusión», como en mantenerlo y contribuir a su institucionalización. De ahí que la guerra —en cuanto forma extrema de la enemistad y el terror— aparezca ligada a la política por un vínculo indestructible. Lo había comprendido Clausewitz, y lo ha puesto en evidencia Gentile en términos de gran crudeza, pero de un rigor lógico irrefutable, mientras que se siga el puro movimiento de la política y se le considere como el horizonte último de la actividad humana. Escribe Gentile: «El momento de la *alteridad* es *esencial* como el momento de la pura objetividad. La alteridad es superada, pero debe existir. Primero aparece la oposición, después la conciliación y la unidad. La guerra propiamente dicha es aquella en la que los Estados combaten *con todas las armas más destructivas* para someter uno al otro, cuando uno constituya impedimento al otro en el logro de los fines esenciales a su existencia. El enemigo debe quedar en condiciones de no poder volver a ofender. Por esto debe sobrevivir y consagrar con su reconocimiento nuestra victoria»[26]. Un análisis más profundo del fenómeno bélico —al cual aquí solo puedo hacer una referencia— podría evidenciar todavía con mayor claridad la continuidad estructural entre política y guerra. En efecto, también esta se caracteriza por el mismo movimiento ambivalente propio de la política: estimula la enemistad contra los adversarios al tiempo que estrecha la amistad entre los compañeros de armas[27].

Las «ciencias» de la política (en sentido amplio) —sean descriptivas, técnicas o deontológicas— tienen como objeto o problema central el fenómeno que acabamos de describir. En efecto son ciencias de la solidaridad centrípeta o de la paz interna —a conservar o a instaurar— y por tanto de la justicia distributiva o «social»[28]. Pero en la medida en que se atienen al fenómeno político *puro,* son al mismo tiempo

---

25 Como es sabido, es esta la tesis de Bergson.

26 *Genesi e struttura della società,* X, 6; los subrayados son míos.

27 Entre tantos testimonios que se podrían citar al respecto, desde Tirteo o desde Aristóteles en adelante, me parece interesante señalar, por su ingenuo entusiasmo, este pasaje de *Le Jouvencel* (siglo XV): «C'est joyeuse chose que la guerre... On s'entr'ayme à la guerre. Quant on voit sa querelle bonne et son sang (su compatriota) bien combatre, la larme on vient à l'ueil. Il vient une doulceur au cueur de loyalltè et de pitiè de veoir son amy, qui si vaillamment expose son corps pour faire et acomplir le commandement de nostre créateur. E puis on se dispose d'aller mourir ou vivre avec luy et pour amour ne l'abandonner point. E cela vient une délectation telle que qui ne l'a essaiié, il n'est homme qui sceust dire quel bien c'est». Recojo la cita de J. HUIZINGA, *L'autunno del Medioevo,* trad. it. (Florencia, 1970), p. 98.

28 Y por ello tradicionalmente el objeto de la política ha sido identificado con el Estado o con la comunidad política, como reafirma recientemente D. D. RAPHAEL, *Problems of Political Philosophy* (Londres, 1970), pp. 27 ss. Más amplio, pero no sustancialmente diferente es el punto de vista de ROBERT A. DAHL, *Modern Political Analysis* (Englewood Cliffs, 1963), en la trad. it. *Introduzione alla scienza politica* (Bolonia, 1970), p. 13-6.

ciencias de la siempre posible hostilidad y guerra externa. Si estudian los mecanismos y sentimientos de solidaridad *interna,* no pueden ignorar su función disgregadora respecto al *exterior.* Resultarán por tanto incompletas o infieles a la realidad fenoménica, en cuanto olviden la dialéctica antinomicidad propia del objeto de su estudio.

Las dos líneas divergentes a nivel social: el derecho

La otra línea de respuesta que debemos ahora examinar es la del derecho. Para comprenderla es necesario sin embargo liberarse de la difundida tendencia actual a reducir íntegramente el derecho a ordenamiento jurídico. Es esta una afirmación que debo precisar inmediatamente. No deseo con ella en absoluto decir que la noción de ordenamiento jurídico no sea útil y mucho menos que el ordenamiento no sea derecho (sería un sinsentido), sino solamente que el ordenamiento jurídico es un fenómeno jurídico de *segundo grado,* el cual no agota en sí mismo el derecho y sobre todo no representa su *Ur-phänomen.* Me parece más exacto considerarlo como la expresión o la formulación jurídica de una realidad diferente desde el punto de vista fenomenológico: el cuerpo social en toda su amplia gama de tipos incluido el cuerpo político.

En efecto, cuando hablamos del ordenamiento jurídico de un grupo familiar, de una empresa, de un ente local, de una clase, de un Estado etc., hacemos siempre referencia a una realidad normativa o sociológica relativamente cerrada, de solidaridad centrípeta. En sustancia, la noción de ordenamiento jurídico no expresa el fenómeno «derecho» en el estado *puro,* sino ya mezclado con el fenómeno «política» y por tanto desviado por esta de su propia dirección específica. No es casual que el éxito del que goza la idea del ordenamiento jurídico vaya unido al período de máximo apogeo de la idea y de la realidad del Estado soberano[29].

Por otra parte existen diferentes signos que confirman lo inadecuado de la reducción conceptual y fenoménica del derecho al ordenamiento jurídico. De ellas recordaré brevemente tres. 1) Para elaborar sus conceptos-clave (derecho subjetivo, negocio jurídico, acto ilícito, órgano... etcétera), la dogmática jurídica no se ha basado exclusivamente en las disposiciones normativas de un determinado ordenamiento, sino que ha tenido muy en cuenta los aspectos racionales (y no solamente nacionales) de la situación que se deseaba interpretar jurídicamente. 2) Los estudios de derecho comparado han puesto de relieve la afinidad sustancial de numerosas disposiciones o instituciones jurídicas por debajo de la variedad de sus formas: debida está a la diversidad de ordenamientos, aquélla, a la analogía de las situaciones y de las tendencias jurídicas. 3) La ciencia del derecho internacional ha planteado el problema de la unión necesaria entre ordenamiento jurídico estatal, típicamente cerrado y el internacional. Cualquiera que sea la solución propuesta para tal problema —pluralista, dualista, monista— la juridicidad aparece como una dimensión que supera los confines del ordenamiento cerrado, a menos que se trate del ordenamiento universal.

Estos significativos datos mueven a no considerar el derecho prejudicial y definitivamente inscrito en el horizonte del ordenamiento y por tanto del cuerpo político. Considerémoslo entonces en la perspectiva propuesta en este capítulo, es decir, a partir de la amenaza de la enemistad y de la posible insuficiencia de las

---

[29] Pero no se olvide la advertencia de Hegel: las teorías surgen *en el ocaso.*

respuestas interpersonales. Amistad y caridad (filantropía), como se ha visto, siguen dos líneas divergentes, que implican tensiones y compromisos, los cuales sin embargo pueden existencialmente no alcanzar su objetivo. Si no encuentro al amigo, si no soy capaz de hacerme «próximo a todos», ¿qué puedo hacer? ¿Me encontraré indefenso e impotente frente a la aparición de la enemistad? No: entre uno y otro objetivo, entre una y otra obligación (y su posible insuficiencia), se abre la posibilidad de un término medio, humanamente serio, si bien no basado en la simpatía[30], fundado en la realidad humana, aunque inadecuado para encerrar dentro de sí o para expresar la entera y compleja humanidad de la relación. Se abre así la vía no ya de la solidaridad política, centrípeta y delimitada (de la cual ya he indicado los límites), sino de la *asociabilidad* ilimitada: *diffusiva sui.*

En esta línea aquel que entre o sea susceptible de entrar en relación conmigo, asume la figura del *socio o* del asociable. A este no se le exige necesariamente «comunión» amistosa o caritativa, sino solamente regularidad y previsibilidad del comportamiento. De acuerdo con un pacto, de acuerdo con una medida que convenimos consensualmente o a la que nos sometemos paritariamente, porque nos parece que nace objetivamente de la «naturaleza» de las cosas. Para alejar la enemistad al socio le es exigido por tanto solamente un compromiso de verdad y de lealtad: *pacta (et leges) sunt servanda.*

Por otra parte la idea de que el núcleo central de la experiencia jurídica esté constituido por la «figura» de la relación entre socios, de la relación que vincula a los individuos, ha sido sostenida válidamente por las diferentes teorías relacionistas del derecho, cualesquiera que fuesen sus direcciones filosóficas. Pensemos en Italia en autores tan distintos como Petrone, Del Vecchio, Alessandro Levi. No me parece que a este planteamiento se hayan opuesto críticas suficientemente válidas en *sede filosófica*[31].

Henos aquí, por tanto, en el punto central de nuestra cuestión. El *Ur-phänomen* del derecho consiste en la eliminación de la posible injusticia mediante la coordinación estable y regular de las acciones. Pero la injusticia no tiene patria: puede surgir de cualquier parte y de cualquier individuo, incluso *coeteris paribus* es tanto más probable y tanto más amenazadora cuando la relación se establece entre personas no ligadas por vínculos de solidaridad centrípeta. Y como habíamos ya visto, son precisamente estos últimos los que abren un foso entre *conciudadanos* por un lado y *extranjeros* por otro. Por tanto es el mismo proceso de consolidación política el que hace más necesario y urgente el recurso a una pacificación distinta por su significado humano: es decir, la pacificación jurídica.

El derecho se caracteriza por tanto por un movimiento difusivo del centro a todos los puntos del horizonte humano, por un movimiento tendencionalmente universal. A diferencia de la política el derecho no puede tolerar *sin contradecirse* la aparición de una posible injusticia que quede sin respuesta pacificadora. No es pura retórica: la respuesta política natural a la enemistad es la consolidación de la solidaridad interna, de la autoconciencia *particular* (de la clase, del pueblo, de la nación,

30 Pero abierto a la influencia de la simpatía, como ha demostrado bien Bagolini, sobre el cual véase *La simpatia nella morale e nel diritto* (Turín, 1966).

31 Otra cosa son las críticas dirigidas a la teoría relacionista como intento *científico* de describir el ordenamiento jurídico. En este sentido me parecen aceptables las críticas dirigidas a Levi por Bobbio en *Studi sulla teoria generale del diritto* (Turín, 1955), pp. 53-74.

del Estado...). La respuesta jurídica es una reglamentación de la controversia, es decir, estriba en la sumisión a una regla común que convierte a los contendientes en socios, a través del redescubrimiento de una conciencia *común*.

En este sentido el derecho expresa la intención humana de superar la enemistad mediante la razón y la regla unificadoras, sin recurrir a la fuerza, la cual es reducida a puro instrumento de garantía del acuerdo. También el derecho es por tanto una economía de la fuerza, pero más radical que la política, puesto que tiende a eliminar la fuerza también en el *exterior* de la sociedad fundada jurídicamente.

El protagonista de la actividad jurídica —el otro como socio— es por esto cualquier individuo que yo pueda encontrar en el mundo en cualquier ocasión, independientemente de todo vínculo de sangre, de grupo y de civilización. Incluso cuanto más extraño es un individuo desde determinados aspectos —y por tanto potencialmente temeroso o agresivo— tanto más resulta importante hacerlo asociado o al menos asociable; es decir, tanto más aparece como el previsto o previsible término de la relación jurídica. Se puede observar al respecto, con todas las reservas exigidas por generalizaciones de este tipo, que mientras la civilización más destacadamente «política» —la griega— ha abierto un abismo entre griegos y «bárbaros» (así como incluso entre griegos y griegos), la civilización más típicamente jurídica —la romana— lo ha anulado. Se dirá que ello ha ocurrido en el ámbito de una entidad política más vasta. Esto es exacto, pero no se olvide que esta entidad era un «imperio», es decir, como he indicado antes, la forma política más universal que se conoce. Un análisis profundo de las relaciones históricas entre idea de imperio e idea de derecho me parece que pondría en evidencia que el imperio es la forma política que más utiliza y que más depende del derecho[32].

El movimiento universalista del derecho resulta oscurecido, como he indicado antes, por su moderna configuración en términos del ordenamiento jurídico, al describirlo *después* que ha sufrido la influencia desviante de la política y de su lógica centrípeta. Pero aparece en cambio claro si consideramos por ejemplo dos expresiones jurídicas fundamentales de la sociedad primitiva: la prohibición del incesto —que no es casual que Levi Strauss considere como la *primera* manifestación jurídica— y la donación. Una y otra expresan la oposición a permanecer encerradas dentro del campo naturalmente limitado de la familia endógena o del grupo; constituyen una apertura hacia el que aparece como potencial enemigo más allá de los fortificados y hostiles baluartes de la solidaridad «política».

Pensemos en el artificio simbólico y psicológico —verdadera *fictio iuris*— mediante la cual, mezclando la sangre del extraño y la propia, se podría prolongar la consanguinidad, más allá de los límites naturales. Recuérdese el minucioso mecanismo de intercambio a que daba lugar la donación[33]. Pero aparte su afinidad con el ritualismo jurídico, lo que hace a estos instrumentos expresión típica del movi-

---

[32] Recuérdese el caso del derecho común que ha prolongado la vida de un imperio políticamente cada vez más extenuado y sin fuerzas por el ataque de la renacida ciudad-Estado (de inspiración griega) y de los Estados unitarios. Y más cercano a nosotros pensemos en la aportación al imperio napoleónico de una legislación concebida en términos de universal racionalidad, que ha mantenido su función incluso después que había desaparecido la fuerza de las armas francesas.

[33] Cfr. el conocido ensayo de MARCEL MAUSS, *Le don. Formes archaïques des échanges*, en «Année Sociologique», 1923.

miento *puro* del derecho no es tanto su «naturaleza» material —la donación por ejemplo puede ser y es una manifestación de amistad personal—. Es más bien su destinatario, el cual para que el instrumento tenga eficacia, debe ser *cualquier otro,* independientemente de afinidades de simpatía o de vínculos políticos. En otros términos el hombre en su doble posibilidad de enemigo que amenaza o de pacífico colaborador.

Incluso en la vida de los grupos, el derecho impone su lógica de movimiento hacia el exterior. Tenemos una prueba de ello, no limitada a los tiempos primitivos sino permanente a lo largo de la historia, en la constante formación y desarrollo de un derecho interpolítico, *inter gentes,* internacional. Cada vez que al hombre se le abre un nuevo horizonte de relaciones, más allá del limitado a su grupo, el derecho le ofrece el medio de consolidarlas en relaciones pacíficas.

El movimiento típico del derecho procede por tanto del centro a la periferia, de lo familiar y conocido a lo extraño y desconocido, que viene humanizado al instaurarse una medida común pacificadora. Por esta su tendencia universalista el derecho aparece análogo a la caridad, de la cual difiere porque lo que le guía es la prudencia y el cálculo y no la confianza y la donación total de sí mismo[34].

En todo caso, la diferencia y la divergencia de la relación jurídica, de tipo «abierto», respecto de la relación de amistad y de la política, de tipo «cerrado», me parecen difícilmente cuestionables. A partir de la identidad fenomenológica de esta relación se desarrolla el trabajo peculiar de la filosofía del derecho.

Una observación final. ¿El esquema de las líneas divergentes aquí comentado, lleva a una separación radical entre filosofía del derecho y filosofía de la política? No lo creo, y no solo porque ello contradeciría cuanto he indicado al comienzo acerca de la imposibilidad o al menos la escasa oportunidad de aislar las investigaciones filosóficas, sino también por una razón más sustancial. Las líneas que he intentado poner en evidencia, a nivel tanto interpersonal como social, resultan divergentes solo si se les considera en estado puro, pero en la realidad histórica se superponen, se cruzan y se combinan, influyéndose recíprocamente. Por tanto, una investigación filosófica fiel a las condiciones efectivas de la existencia debe tener en cuenta la diversidad de las direcciones fenomenológicas así como su inseparabilidad y presencia simultánea en la aventura humana. Dicho brevemente, el esquema de las líneas divergentes sirve para poner en claro, si se me permite una última imagen, los movimientos fundamentales de una complicada partida de ajedrez.

---

[34] Sobre las relaciones entre caridad y derecho, véase L. LÓMBARDI VALLAURI, op. cit. pp. 121-59, y además en el presente vol. los caps. V y VI.

IV.

SOBRE EL SIGNIFICADO ESCATOLÓGICO DEL DERECHO

Origen y significado del problema

El haber determinado tanto la necesidad de la «ley» en la estructura y en la formación de la conciencia (cap. II), cuanto la presencia del derecho en la existencia, como movimiento dotado de una propia peculiaridad fenomenológica (cap. III), no agota aún los posibles interrogantes sobre la realidad del derecho. Este, en efecto, en el curso de la historia humana, ha sido sometido a una posterior pregunta crítica cuando se ha experimentado la necesidad de compararlo con la realidad última, el *eschaton*. De aquí la investigación, aunque sea esquemática, del presente capítulo.

Sin embargo, el que desee comprender la situación del derecho en la perspectiva escatológica, no puede prescindir, en mi opinión, del examen previo del interés y el alcance del problema mismo. En efecto, ¿se trata de un problema que posee significado exclusivamente en aquel horizonte religioso en el que surge precisamente la idea del *eschaton?* En tal caso el tema, resultando esencial para el creyente, no interesaría más que a este y en consecuencia tendría un alcance teorético limitado.

En mi opinión, no es así. En efecto, es sin duda cierto que la posibilidad de un examen crítico del derecho sobre la base del *eschaton* se abre solamente (al menos en nuestra civilización) con el Cristianismo, en virtud de su naturaleza esencialmente escatológica. Sin embargo es igualmente cierto que semejante examen crítico permite una problematización *radical* del derecho, cuyo interés teorético va más allá de la esfera de lo religioso. Conviene precisar lo que entiendo por problematización radical. Consiste en discutir el significado y el valor *globales* del derecho en cuanto dimensión (una de las dimensiones, naturalmente) de la existencia humana.

Es cierto que encontramos ya una problematización y una crítica del derecho en el pensamiento pre-cristiano, especialmente en el pensamiento clásico griego. Y es necesario reconocer que este no se ha limitado a la superficie del fenómeno jurídico. En términos muy generales y esquemáticos podemos señalar tres niveles, tres estadios de profundización de esta problemática.

En el *primer* nivel aparece la crítica de esta o aquella disposición jurídica particular (norma o institución). En el *segundo* nivel encontramos una crítica mucho más amplia, que hace referencia a un ordenamiento, a un sistema jurídico en su totalidad. Tal es por ejemplo la crítica de Sócrates al régimen de Atenas o con carácter más general, la de los griegos a las leyes de los bárbaros, que aquéllos no juzgaban siquiera leyes. En el *tercer* nivel se da una crítica de más amplio y más profundo significado: la que discute acerca del derecho humano (el derecho positivo) en su integridad en relación con el derecho natural. De ella nos ofrecen testimonio algunos sofistas por un lado, Platón por otro, los estoicos, etc.

Sin embargo, la crítica se detiene en este tercer nivel, profundo, pero no último ya que la posibilidad de la problematización aparece agotada. Cualquier sistema jurídico positivo podrá ser rechazado o condenado, pero permanece siempre incuestionable un derecho. O mejor dicho, *el* derecho permanece siempre. Se podría incluso decir que cuanto más se profundiza en la crítica, tanto más esta pone de relieve el valor del *verdadero* derecho (sea cual fuere) y su necesidad.

El hecho es que en el pensamiento clásico es la misma naturaleza la que protege al derecho contra la posibilidad de una crítica radical. Conducido nuevamente al nivel de la naturaleza, el derecho se encuentra sustraído a cualquier ulterior problematización, en cuanto que al presentarse como *kosmos*, orden, participa de la necesidad y de la intranscendibilidad del *kosmos* natural del que es imagen (o según otros, modelo). En la naturaleza el derecho encuentra finalmente su verdad y su valor definitivos.

Fácil resulta por tanto comprender por qué solo con la aparición del Cristianismo pudo abrirse una nueva y profunda vía a las posibilidades críticas acerca del derecho. Planteando el problema de las relaciones entre naturaleza y salvación, entre naturaleza y gracia, el Cristianismo discute incluso el fundamento sobre el que el derecho se apoyaba hasta entonces sólidamente. Reconocer que el Derecho sea orden no impide ya que se pueda plantear una pregunta posterior: ¿el derecho forma parte del orden de la naturaleza o del orden de la salvación y de la gracia? Aparece ahora por tanto como posible y legítimo discutir la realidad jurídica desde su raíz, mientras que ello no era ni siquiera concebible para el pensamiento precristiano.

Atribuir al Cristianismo la paternidad de semejante problematización radical no posee una significación exclusivamente histórica, sino que tiene un significado hermenéutico más amplio. Es verdad que después de la aparición del Cristianismo la posibilidad de una crítica radical del derecho no se limita en absoluto al pensamiento de inspiración cristiana, sino que se extiende más allá de sus confines. Sin embargo, aquella crítica conserva siempre los rasgos inequívocos de su origen cristiano, aunque este haya sido secularizado.

Me parece difícil negar que el debilitamiento y finalmente la destrucción de la naturaleza en nombre de la historia, propuestos por el historicismo[1], resulten úni-

---

[1] Recuérdese la frase de Karl Mannheim: «Mientras que la naturaleza se ha vuelto muda y desprovista de sentido para nosotros, en la historia y también en la vida histórica del alma, tenemos la sensación de poder comprender las fuerzas básicas en su interacción específica» (*Das Problem einer Soziologie des Wissens*, en «Archiv f. Sozialwissenschaft u. Sozialpolitik», 1925, p. 309). Pero, ¿no asistimos quizá ahora a la venganza de la naturaleza que nos amenaza con la conclusión de la historia, con el exterminio de toda posibilidad de vida? ¿Es este el camino a través del cual el hombre moderno —provocador de la naturaleza, en el sentido heideggeriano del término— pretende hacerse colaborador de Dios, contribuyendo a aproximar la llegada del *eschaton*?

camente concebibles en un marco ideológico en el que el *eschaton* ha puesto en duda el carácter sólido y definitivo del dato natural. Más concretamente se puede afirmar que cualquier negación radical post-cristiana del significado y del valor propios del derecho se inscribe en un contexto en el que cabe siempre descubrir, aunque secularizados, ciertos temas esenciales al Cristianismo, tales como el amor y la esperanza del Reino. Buena prueba de ello nos la ofrecen el anarquismo y el marxismo. Por consiguiente, la clarificación de nuestro problema contribuye a iluminar una corriente de pensamiento que forma parte actualmente del patrimonio común de la experiencia humana.

Dos Direcciones Fundamentales

Dicho esto en justificación de nuestro tema, intentaré delinear a grandes rasgos el puesto del derecho dentro de la perspectiva escatológica cristiana. No encontramos aquí una única posición —lo que sería exactamente lo contrario de la problematización— sino varias posiciones, las cuales pueden ser agrupadas de acuerdo con dos líneas principales de interpretación, que intentaré presentar sin preocuparme de la cronología.

Consideremos la primera, que podría sintetizarse en la siguiente fórmula: el derecho *en el* desorden. Ella se contrapone a la posición clásica. El derecho no es ya, como en esta última, expresión del orden real, ontológico, que subyace a un desorden puramente aparente; sino que por el contrario es el orden del desorden, el orden nacido de una naturaleza rebelde y conflictiva a la que trata de imponerse, sin redimirla sin embargo de su desorden profundo. Sobre la base de la noción de la naturaleza caída el derecho viene presentado, en esta línea de pensamiento, como una defensa de aquellos bienes temporales que las *cupiditas* humana anhela, como un medio para asegurarlos.

Si consideramos algunos pasajes significativos de San Agustín, podemos encontrar una luminosa aclaración del fundamento de semejante interpretación. En el *De libero arbitrio,* después de afirmar que la ley eterna «jubet... avertere *amorem* a temporalibus et eum mundatum convertere ad *aeterna*», precisa Agustín, por contraposición, la naturaleza de la ley temporal del derecho. Este último establece «ut haec quae ad tempus nostra dici possunt, quando eis homines *cupiditate* inhaerent, eo iure possideant, quo pax et societas *humana* servetur, quanta in his rebus servan potest» (*De lib. arb.* I. XV, 32; los subrayados son míos). La contraposición entre *amor* y *cupiditas,* entre *aeterna* y *temporalia,* viene reforzada todavía más, si ello es posible, por la insistencia con que Agustín subraya el instrumento propio del derecho: la coerción mediante el temor. En efecto, la ley humana «metu coércet et ad in quod vult torquet ac retorquet miserorum animis, quibus regendis accomodata est» (*ibíd.*).

El derecho se presenta por tanto como la defensa de aquellos bienes que la ley eterna nos impone abandonar. No intentamos limitar la amplitud de tal contraste: con el término *temporalia* Agustín no designa solamente los bienes *materiales,* sino también una amplia gama de bienes de orden espiritual que van de la familia a la libertad (*ibíd.*). En efecto, en el Reino, en el que todo se da en todos, desaparece el terreno en el que surge el derecho. La rivalidad en las relaciones con las cosas, la diversidad y la oposición de los hombres, el temor a los otros, su misma existencia en cuanto *otros,* el miedo y la coerción, los vínculos humanos, incluso los más legítimos, la *libertas minor,* todo esto desaparecerá en el Reino.

La ley eterna es por tanto ley inmutable de amor, que vive en el alma convertida al verdadero bien, Dios, la cual no tiene necesidad de la regla jurídica y de su sanción (op. cit. I, XV, 31). En cambio, el derecho es ley del temor, mudable como aquellos bienes temporales que son objeto inestable y nunca plenamente satisfactorio del deseo de un «espíritu pervertido y desordenado» y en consecuencia siempre inquieto (op. cit. I, XV, 35). Lejos de anticipar el Reino, el derecho subraya por el contrario la infinita distancia y la imposibilidad de alcanzarlo con un esfuerzo puramente humano. Ligado a la lógica carnal y posesiva del Mundo, el derecho reasume y expresa todas sus contradicciones.

Consideremos ahora la segunda dirección del pensamiento. También esta podría ser resumida en una fórmula que es precisamente la antítesis de la precedente: el derecho *en el* orden. Conocida es la definición tomista de la ley: «Lex quaedam regula est et mensura actum» (S. th. I-II, 901. c.); y la del *ius* «ius est ipsa res iusta» (ibíd.). No es aquí el momento de analizar la diferencia entre *ius* y *iustitia,* entre *lex* y *ius,* en la obra de Santo Tomás; por lo que se refiere a nuestro tema será suficiente constatar como él llega siempre a la misma conclusión: lo jurídico es el orden.

Igualmente conocido es por otra parte el sistema de derivación de las leyes, establecido en la *Summa: lex aeterna, lex naturalis, lex humana,* en el cual una origina inspira y guía a la otra. En el marco de semejante sistematización aparece claramente cómo el derecho es orden en cuanto viene ordenado por Dios mismo; y por consiguiente, que el derecho humano es un orden (y por tanto posee la capacidad de ordenar) en la medida en que se encuentra sub-ordinado. En otro caso degenera en desorden. Santo Tomás lo dice explícitamente siguiendo fielmente las huellas de San Agustín *magis iniquitas quam lex; corruptio iuris, etc.*

En la perspectiva escatológica, cuando se acepta la idea del derecho como orden —lo que por otra parte la evidencia misma parece imponer— no hay más que seguir hasta el final esta vía. Aparece entonces posible comprender el fundamento del derecho y de su valor: la ley eterna (el orden) que emana de Dios. El derecho viene así a encontrarse plenamente justificado y legitimado, puesto que es transportado nuevamente al orden mismo de la Creación, en el cual se inscribe su existencia. Adaptándose al derecho (sub-ordinado) obrando jurídicamente de acuerdo con la línea de la subordinación, exigida por su naturaleza de criatura, el hombre participa en la obra de Dios.

¿Oposición o convergencia?

¿Existe una oposición radical entre estas dos interpretaciones del fenómeno jurídico? Es esto lo que a menudo se afirma sobre todo hoy basándose en la prolongación de sus respectivas tesis, lo cual me parece sin embargo discutible. Pero examinemos antes sucintamente estas prolongaciones.

Avanzando en la primera dirección, se subraya cómo en la medida en que concede seguridad, el derecho oculta la radical inseguridad existencial del hombre, impidiéndole tomar conciencia de su inferioridad y repeliendo la angustia reveladora de la necesidad de Dios. Se insiste después en la contradicción manifiesta entre el derecho y el amor, el cual ni desea, ni calcula, ni juzga. De una parte por tanto, el derecho trivializa la existencia, por otro lado lastra y entorpece el camino del hombre hacia su completa liberación.

Pensemos en la posición representada por Karl Barth en la *Römerbrief*: «A aquél que *busca* el orden de Dios, ¿qué impresión puede hacerle el orden existente, el orden ya *encontrado,* sino la de la personificación de la iniquidad?»[2]. Siguiendo las huellas de Barth, otro teólogo protestante alemán, Walz, afirma explícitamente: «con nuestra exigencia de la justicia (*Gerechtigkeitsbehauptung*), nos encontramos ya en la injusticia ante Dios». En relación con Dios, la situación jurídica no es más que un «estar en lo ilícito» (*im Unrechtsein*), el derecho no es más que su contrario: la injusticia. Por otro lado tampoco el derecho natural puede ofrecer un remedio adecuado, ya que este es solamente el reflejo de una naturaleza actualmente caída, como escribe Ernest Wolf[3].

Dicho brevemente, el derecho no es encuentra solamente *en el* desorden, sino que él mismo *es* el desorden que se organiza y que establece un orden para mejor sobrevivir. Es necesario por tanto eliminarlo íntegramente bajo el impulso del amor, ya que en la medida en que se renuncia a él, se manifiesta y se realiza ya aquí abajo el Reino.

Siguiendo en la segunda dirección, la dependencia del derecho respecto a la voluntad creadora de Dios se considera suficiente para autorizar una plena confianza en él, una vez que haya sido de nuevo conducido a su orden originario. Se considera por tanto legitimado lo que con expresión en gran parte ambigua ha sido denominado juridicismo, es decir, más exactamente la interpretación y la valoración en términos exclusivamente jurídicos de la actividad humana en su integridad y de su deber ser. Por consiguiente, cualquier abandono del derecho indica un aflojamiento o un desvío en el camino hacia la salvación. Vivir bajo el derecho constituye ya en cierto modo vivir en la luz del Reino.

En mi opinión sin embargo, entre las dos direcciones delineadas en el parágrafo precedente no existe aquella neta oposición que presentan sus prolongaciones. Me parece por el contrario que aquellas convergen en un resultado en gran medida común, pese a su indiscutible diversidad de acento.

En efecto, por un lado, San Agustín nos dice en términos que no podrían ser más claros que en la itinerante condición humana no nos podemos sustraer al imperio del derecho bajo el pretexto de la libertad cristiana. Estamos incluso obligados en conciencia, ante Dios, a obedecerlo[4]. Ahora bien, la ley obliga a la conciencia no a causa de su presunta e imposible perfección, sino porque ella es necesaria a la condición terrena en la cual incluso los buenos, *nondum perfecti*, pueden combatirse entre sí (*De civ. Dei*, XV, 5). En la tierra, si no existe guerra totalmente privada de paz, tampoco existe paz totalmente exenta de guerra (*Ibíd.*, XIX, 10). La paz y la guerra se entrecruzan y se implican dialécticamente. El derecho es por tanto necesario. Por debajo del orden siempre imperfecto y mudable del derecho aparece el mismo orden de Dios, y de él deriva aquel bien del libre albedrío que sin embargo se encuentra en el origen de la posibilidad del pecado. Pretender vivir

2 *L'epistola ai Romani,* trad. it. (Milán, 1962), p. 459.

3 *Gottesrecht und Menschenrecht,* (Múnich, 1954), pp. 12 s. Para la cita anterior, cfr. HANS HERMANN WALZ, «Die biblische Botschaft von der Gerechtigkeit Gottes und unser Recht», en la obra *Gerechte Ordnung. Gedanken zu einer Rechts-und Staatslehre in evangelischer Sicht* (Tubinga, 1948), p. 27. Sobre estas actitudes véase P. L. ZAMPETTI, *Il problema della giustizia nel protestantesimo contemporaneo* (Milán, 1962).

4 Cfr. *Quarundam propositionum ex epistula ad Romanos expositio*; parágrafos 72-74.

fuera del derecho sería un pecado de orgullo, como el de Adán. Podemos repetir con Pascal: «la grandeur de l'homme est grande en ce qui'il se connaît misèrable»[5]. Recuérdese la perfecta coordinación entre *lex* y *gratia* establecida por San Agustín: «lex ergo data est ut gratia quaereretur; gratia data est ut lex impleretur»[6].

Por otro lado, para Santo Tomás la insuficiencia del derecho aparece igualmente con toda nitidez. En primer lugar no podemos olvidar el decisivo pasaje de la *Summa*, en que se afirma: «Deus... nos instruit per legem et iuvat per gratiam» (I-II, 90 intr.). Obvio recordar aquí la paráfrasis casi literal propuesta por Pascal: «La loi n'a pas dètruit la nature, mais elle l'a instruite; la grâce n'a pas détruit la loi, mais elle la fait exercer» (*Pensées*, n. 520). La condición terrena, a causa de su imperfección, revela de este modo una doble necesidad: en el plano del conocimiento del bien necesita de una pedagogía divina, el derecho; en el plano de la acción y de la vida necesita de un estímulo, la gracia.

Pero la insuficiencia del derecho considerado en sí mismo aparece aún con mayor evidencia en otro pasaje de la *Summa*, que revela la inspiración fundamental del tratado tomista sobre la ley. A propósito nada menos que de la *lex nova*, de la *lex caritatis*, Santo Tomás afirma claramente que ella no debe ser observada en una perspectiva estricta y puramente jurídica: «etiam littera Evangelii occideret nisi adesset interius gratia fidei sanans» (I-II, 106, 2, c). El espíritu puramente jurídico cede el paso al Espíritu Santo —gracia presente y viva en nosotros— para que el derecho pueda ser plenamente observado[7].

Se puede quizá sostener que el sistema tomista de las leyes se desenvuelve a lo largo de dos líneas: una descendente (*Lex aeterna, lex naturalis, lex humana*) que nos indica el proceso de atribución de la autoridad normativa al derecho y otra ascendente (*lex humana, lex naturalis, lex nova*) que nos indica lo que el derecho necesita para ser vivido en espíritu de verdad[8]. La primera línea evidencia la dignidad del derecho en el orden de la creación y por tanto en el orden del conocimiento abierto a todos. La segunda revela la insuficiencia del derecho en el orden de la Redención, y por tanto de la vida, en la que aparece necesaria la presencia animadora del espíritu, que *ubi vult spirat*, obedeciendo solamente a la esencia propia de la caridad.

Lejos de contraponerse, las dos interpretaciones se reúnen *in apicibus*, gracias a la común visión del *eschaton* de la beatitud. Necesario, como necesaria es la paz inmanente a cualquier forma de vida, y sin embargo provisional e insuficiente, ya que se encuentra contaminado por el mal, como toda forma de paz terrena, y no obstante símbolo de la paz perfecta en la ciudad de Dios y un don del verdadero Dios («Dei veri beneficium», *De civ. Dei*, III, 9) así aparece el derecho en San Agustín. Enseñanza de Dios para alcanzar el bien, necesario a causa de la limitación humana y sin embargo destinado a quedar en letra muerta y a abocar al legalismo si no es vivificado por el Espíritu, así aparece el derecho en Santo Tomás.

---

5 *Pensées*, ed. Brunschvigs, n. 397.

6 *De spiritu et littera*, 19, parágrafo 34.

7 Cfr. S. LYONNET, «Libertè crétienne et loi de l'Esprit selon Saint Paul» e I. DE LA POTTERIE y S. LYONNET, *La vie selon l'Esprit, condition du chrétien* (Paris, 1965), pp. 189-90 y F. D'AGOSTINO, *Lex inedita e lex scripta*, en «Ethica», 1970, pp. 105-22.

8 Barth se opone radicalmente a la idea de que los varios niveles de la vida temporal constituyan «peldaños de una escalera» en cuya cima se encuentra Dios. Y sin embargo reconoce en las formas temporales «posibilidades *relativas* del bien en medio del mal»; cfr. *L'epistola ai Romani*, cit., p. 469.

Las dos posiciones son por tanto armónicas, de una armonía que encuentra su plena manifestación en la común fidelidad a la palabra de San Pablo: *plenitudo legis est dilectio (Rom.* XIII, 10), recogida constantemente por San Agustín y Sto. Tomás. Por un lado, este texto paulino significa que el derecho es incompleto e inadecuado, ya que si es abandonado a sí mismo, a su lógica peculiar y natural, no posee la capacidad de alcanzar su plenitud y su verdad. Pero por otro lado, este texto nos indica la dignidad, el valor estructural del derecho, ya que es el derecho mismo y no otra cosa, el que encuentra *su* plenitud en la caridad, así como la encuentra por otra parte cualquier actividad o experiencia humana[9]. Ahora bien, la plenitud es literalmente lo opuesto al aniquilamiento[10] por medio de la caridad, el derecho es ciertamente vaciado de espíritu carnal, pero no de su estructura —que por el contrario, gracias a este aniquilamiento se encuentra disponible para alcanzar su plenitud. ¿No es quizá cierto por otra parte que la caridad, fuente y esencia de la *metanoia,* no deroga nada, todo lo respeta, pero todo lo transforma con su presencia, con el espíritu divino con el cual todo lo anima?

El derecho y la escatología revolucionaria

En la exposición que acabamos de hacer de nuestro problema, la asunción de la perspectiva escatológica no implica en absoluto la desaparición del derecho, es más incluso evidencia su necesidad existencial, sin atribuirle sin embargo una función exhaustiva y suprema. Por otro lado, hay que reconocer que la escatología no tendría sentido ni fuerza inspiradora si no existiese realmente un mundo con todas sus manifestaciones, entre las que debe incluirse el derecho. Es precisamente *este* mundo, con todas sus posibilidades de transformación y de resistencia, el que nutre esta esperanza escatológica y el que es nutrido por ella.

Ni devaluación total ni presuntuosa sobrevaloración: esta es la enseñanza más sólida que en mi opinión puede ofrecernos la escatología cristiana a propósito del derecho, al someterlo a la crítica severa de la problematización radical.

Es una enseñanza que por otro lado me parece plenamente confirmada por las escatologías revolucionarias, cuando no nos limitemos a considerar únicamente lo que dicen, sino que consideremos e interpretemos además lo que hacen en concreto, manifestándonos así el movimiento fenomenológico que las caracteriza.

Es verdad que para la revolución, el derecho vigente es un enemigo que hay que combatir, lo que resulta posible solo a una fuerza no regulada, no jurídica. Es por tanto cierto que la revolución contrapone radicalmente la fuerza al derecho. Pero semejante contraposición es solamente inicial, si bien necesaria (en efecto, la

---

9 Se me podría objetar que de acuerdo con la doctrina paulina es precisamente la ley la que provoca el pecado. Para una exégesis iluminante y profunda de los pasajes paolinos, remito al artículo ya citado de Lyonnet. Por mi parte, me limitaré a citar este pasaje de Kierkegaard: «El concepto que diferencia de forma más definitiva cualitativamente el cristianismo del paganismo es el concepto de pecado, y por esto, el cristianismo sostiene con perfecta lógica que ni el pagano ni el hombre natural saben lo que es el pecado, incluso sostiene que se necesita una revelación divina para manifestar lo que es el pecado» (*La malattia mortale*, II, A, cap. 2). En este texto aparece muy claramente puesta de relieve, con perfecta fidelidad al espíritu y a la letra de San Pablo, la necesidad de la ley en el mismo orden de la salvación, en cuanto pedagogía divina.

10 Me refiero al concepto cristiano de *evacuatio.*

revolución no poseería una dimensión fenomenológica si el derecho no ofreciese nunca alguna resistencia, ni siquiera de forma y procedimiento, a cualquier cambio). En realidad la fuerza no es más que el punto de apoyo de la palanca revolucionaria, la cual continúa siendo, al menos en parte, una palanca *jurídica*: es necesaria una norma para abolir total o parcialmente el régimen jurídico vigente. La revolución trata de privar al derecho existente de su fuerza; pero para alcanzar este fin pretende que la fuerza revolucionaria culmine en derecho. Esto es absolutamente evidente: sería imposible destruir con la sola fuerza cualquier situación jurídica concreta. ¡Las fuerzas humanas no serían suficientes! Es necesario por tanto apelar al derecho para que este amplíe la eficacia siempre limitada de la fuerza, mediante su capacidad de suscitar la adhesión, sincera o temerosa, a la voluntad revolucionaria.

Esto vale a propósito de la necesidad del derecho tanto en la fase destructiva de la revolución, como en la fase constructiva del orden nuevo. Como ya he indicado en otra parte[11], la revolución es una fuerza no regulada sino reguladora, en cuanto es siempre legisladora (y también punitiva).

La necesidad del derecho resulta plenamente confirmada en el seno de cualquier escatologismo revolucionario que pretenda ser realizable, o que se esfuerce por realizarse. Esto no impide que exista una innegable inadecuación del derecho respecto a la esencia revolucionaria. Si derecho y revolución coinciden y colaboran en un determinado momento de su proceso de desarrollo, o mejor dicho, si la revolución debe someterse al derecho para imponerse a causa de la insuficiencia de la fuerza, es sin embargo innegable que entre ellas existe una distonía de fondo, que se manifiesta finalmente en el plano diacrónico. La revolución es cambio, incluso es *impaciencia* por el cambio, el derecho por el contrario es permanencia; la primera por tanto no puede aceptar plenamente al segundo. Por esto, las revoluciones instaladas en el poder se, encuentran siempre desgarradas por dos tendencias opuestas: de un lado son inducidas a sostener mediante el derecho el orden por ellas establecido (pensemos en la «legalidad socialista»), y por otro a apelar a un renacimiento del espíritu revolucionario, a un retorno a los orígenes que pueda salvaguardar a la revolución de la involución en un régimen puramente legalista.

Desgraciadamente, nada hay más contradictorio que el retorno a los orígenes para un movimiento escatológico, el cual por definición está orientado hacia el futuro. Y en efecto nada hay tan melancólico e inútil como la «vieja guardia» revolucionaria, destinada fatalmente o a ser destruida por la joven guardia sólidamente instalada en el poder o a destruirse por sí misma por su voluntad satisfecha y complaciente de integrarse en el sistema. Pensemos en los hombres del 89, convertidos en mariscales de Napoleón, llenos de condecoraciones, cargados de títulos nobiliarios y de posesiones.

Lo cierto es que no existe una revolución «permanente», fuera de la de los astros celestes, que está sujeta, por lo que parece, a leyes bastante rígidas y constantes... Para nuestra suerte, si es que no incluso para nuestra felicidad, dado que la existencia es precisamente nuestra suerte.

---

[11] Cfr. «Le droit à l'infaillibilité et la faillibilité du droit», en el vol. col. *L'infaibillité*, a c. de E. CASTELLI (París, 1970), p. 31.

En relación con el derecho, cualquier apelación al espíritu revolucionario representa por tanto únicamente una sacudida sin esperanza, salvo que se presente como un simple esfuerzo de reavivar el derecho desde el interior, y por tanto como un esfuerzo dirigido a hacerlo funcionar mejor y no ya a abolirlo. Entre derecho y revolución, la lucha es vana: esta ya ha sido ganada desde el comienzo por el primero y ello precisamente a causa de sus respectivas estructuras fenoménicas. La revolución es estructuralmente un momento, por prolongado que pueda ser; no tiene una duración estable, su destino por tanto es de desaparecer en *cuanto revolución*. En consecuencia el derecho debe vencer en un plazo más o menos corto, puesto que su destino estructural es el de permanecer, y todo lo que dura en el plano social se hace derecho.

Existe por tanto una sorprendente analogía entre la escatología religiosa y la revolucionaria, en lo que se refiere al puesto por ellos atribuida al derecho, al que ambas reconocen igualmente su necesidad y su insuficiencia. Pero es necesario también subrayar el aspecto diferencial que forma parte de la analogía igual que el aspecto de la semejanza. En la escatología religiosa, la desaparición total del derecho es aplazada conscientemente al final de los tiempos, a la llegada del Reino, en el cual verosímilmente aquél acabará. En este caso puede tratarse de un sueño, pero será siempre un sueño no refutado por la experiencia ni contradictorio, ya que el principio destinado a sustituir íntegramente al derecho —la caridad— no puede alcanzar plenitud de expresión y de expansión en este mundo. El aplazamiento al más allá de la desaparición del uno y del reino de la otra es una garantía de su fecunda colaboración —siempre acompañada de estimulantes contrastes— en la tierra del hombre.

Referida en cambio a este mundo, la esperanza de abolir el derecho y de sustituirlo íntegramente por el espíritu revolucionario no es más que un sueño absurdo, fuente de desesperación, si se capta su imposibilidad o de un endurecimiento terrorista de la ley si se continúa confiando en él. Tal es por lo menos la enseñanza que nos proporciona la experiencia histórica de cualquier revolución. Pero más allá de tal experiencia una escatología laica no posee otros recursos fuera del mito y el fideísmo, lo que constituye la contradicción más flagrante para un humanismo separado de lo divino.

Concluyamos. Aunque pueda aparecer desagradable a sus detractores, me parece que el derecho sale reforzado de la prueba a que lo somete la problematización radical de la escatología. Victorioso estructuralmente sobre la revolución, resulta consolidado por su comparación con el *eschaton* religioso, que lo depura de toda pretensión abusiva, asignándole un puesto estable y una función limitada pero necesaria, necesaria pero abierta. Me atrevería por tanto a decir que la perspectiva del Reino nos permite ver el derecho bajo el signo de la espera y la esperanza en la perfección final, proporcionándonos la conciencia de lo que el derecho otorga y de lo que a este le falta.

En lugar de una conclusión mía, prefiero citar algunos pasajes de Kierkegaard, cuya expresividad no necesita comentario: «¡debes amar! Solo cuando el amor es un deber resulta asegurado eternamente de cualquier variación, eternamente liberado en una santa independencia, y asegurado en una felicidad eterna contra la desesperación... Cuando el amor ha absorbido dentro de sí la eternidad convirtiéndose en deber, adquiere la estabilidad... Solo por tanto cuando el amor es deber resulta eternamente asegurado. Esta seguridad que la eternidad otorga, elimina toda inquietud y hace al amor perfecto, perfectamente asegurado. Puesto que el amor que se contenta con solo existir, no puede librarse de una angustia: la de poder variar»[12].

[12] «Du sollst lieben. Nur wenn es Pflicht ist zu lieben, nur dann ist die Liebe gegen jegliche Veränderung ewig gesichert; ewig freigemacht in seliger Unabhängigkeit; gegen Verzweiflung ewig glücklich gesichert... Wenn die Liebe die Veränderung der Ewigkeit erlitten hat, indem sie Pflicht geworden ist, so hat sie Beständigkeit gewonnen... Also nur wenn es Pflicht ist, zu lieben, nur dann ist die Liebe ewig gesichert. Diese Sicherheit der Ewiggeit treibt alle Angst aus und macht die Liebe vollkommen, vollkommen sicher. Denn in jener Liebe, die nur Bestehen hat, wie vertrauensvoll sie auch sei, ist doch eine Angst, eine Angst vor der Möglichkeit der Veränderung», *Der liebe tun* (1847), en *Gesammelte Werke,* t. XIX (Düsseldorf-Colonia, 1966), pp. 34, 37 y s.

V.

INOCENCIA Y DERECHO

Inocencia y derecho: ¿una paradoja?

Partir de la inocencia para poner de relieve el significado existencial del derecho puede aparecer insólito e incluso paradójico. ¿Qué relación puede tener la inocencia con aquel sistema coercitivo y punitivo que es el derecho? Es verdad que los diferentes ordenamientos jurídicos positivos y con ellos las ciencias jurídicas (especialmente el derecho penal), no ignoran en absoluto la noción de inocencia. Sin embargo la consideran desde una perspectiva técnico-normativa, dentro de la cual la inocencia se presenta como un *posterius* respecto al derecho, y es definida por este *per negatione*: inocente es aquél que no ha violado la ley, y por tanto no es merecedor de una pena. Generalmente el jurista no aparece interesado en investigar más, probablemente por miedo a entrometerse en el terreno de la moral, de la cual tiende hoy a separar con nitidez y simplismo el derecho.

De otra parte, los filósofos no prestan hoy una especial atención a la experiencia jurídica. Y sin embargo no siempre ha sido así. Hasta fecha relativamente reciente el estudio del derecho es considerado como legítima *pars philosophiae*: pensemos en el puesto relevante que aquél ocupa aún en la filosofía de Hegel. Ello era debido a que el derecho aparecía como un sistema regulador y ordenador del comportamiento humano estrechamente unido a la ética, e incluso a veces era proclamado *ars boni et aequi*, según la clásica fórmula romana. No sorprende por tanto que le prestasen atención filósofos y teólogos, los cuales a veces lo han elevado incluso a modelo del comportamiento y del razonamiento moral.

Baste aquí recordar dos testimonios bien conocidos de la estrecha interrelación que durante siglos ha unido el derecho a la reflexión sobre la moral. En el centro de la ética clásica se encuentra la justicia, virtud suprema coordinadora de las otras virtudes; y la justicia es considerada en indisoluble nexo con el derecho, hasta tal punto que a menudo los dos conceptos se identifican. En los comienzos de la Edad Moderna la casuística ha operado una transposición de la hermenéutica y del comportamiento jurídico en el campo de la moral que, *per fas et nefas,* ha tenido una notable influencia tanto teórica como práctica.

Hoy en cambio, filósofos, moralistas y teólogos no parecen ya igualmente dispuestos a recibir el magisterio del derecho. Quizá la razón fundamental de este desinterés reside en que el derecho se les aparece esencialmente como limitación y constricción: Una legislación exterior, (como decía Kant) dotada de una sanción igualmente externa. En la fuerza punitiva ellos descubren por tanto la más fiel expresión de lo que es esencial al derecho: es decir lo más lejano del imperativo moral y sobre todo, por lo que a nosotros afecta, de la inocencia.

En el campo de la filosofía política y moral ha sido sin duda esta imagen coercitiva y punitiva del derecho la que ha inspirado a los pensadores anarquistas (a un Bakunin por ejemplo), o a un Marx, o a un Tolstoi, su muy conocida hostilidad por el fenómeno jurídico y sus proyectos de un mundo humano que pudiese prescindir de aquél en un modo u otro. A la acentuación del carácter coercitivo y punitivo del derecho corresponde a menudo una concepción de la moral, como espontaneidad y amor, libre no solo de toda sanción sino a veces incluso de toda referencia a la obligación y al deber[1].

Un caso reciente muy significativo de esta actual desconfianza de los filósofos respecto al derecho nos lo ofrece Heidegger. En efecto, resulta difícil olvidar la impresión que su penetrante análisis (en el parágrafo 27 de *Sein und Zeit*) de la «cotidianidad» (*Alltäglichkeit*) —que se expresa en la vida anónima e inauténtica de la mediocridad— comprenda dentro de sí también al derecho, el cual incluso aparece como una de sus formas principales[2]. Por otra parte, en la descripción crítica que posteriormente ofrecerá Heidegger del pensamiento occidental, a partir de la pretendida desviación platónica, el derecho asume los caracteres de aquella actividad dominadora a que habría dado lugar aquel pensamiento. Precisamente por ello Heidegger invita a reconsiderar con su significado originario el término *dike*, liberándolo del significado punitivo que se le ha atribuido posteriormente y poniendo en cambio en evidencia su relación con el Ser[3].

Por otra parte, los filósofos no son los únicos responsables de esta imagen exclusiva o principalmente punitiva del derecho, que me parece incompleta y deformada. Son los mismos juristas y sobre todo los juristas contemporáneos los que han procurado por todos los medios legitimar semejante concepción deformadora. Me limitaré a recordar que un gran número de famosos juristas —como Austin, Holmes, Kelsen, Ross, etc.— consideran que el derecho en su esencia no es otra cosa que una administración de la sanción, o mejor dicho, un sistema de reglas sobre el uso de la fuerza. Las normas que en el lenguaje jurídico tradicional eran llamadas *primarias,* es decir, las normas que prescriben el comportamiento de los ciudadanos —como «todo contrato legal debe ser respetado», «no matar», etc...— son consideradas como no jurídicas, o por lo menos como *secundarias* respecto a las normas que establecen las sanciones, que son elevadas al rango de normas primarias.

La primacía de la sanción conduce a una auténtica penalización, si así puede llamarse, del derecho, al ser considerado este solo desde el punto de vista del *bad man* —una fórmula de Holmes que ha tenido éxito— es decir, desde el punto de vista de aquel que por el derecho no es más que obstaculizado y castigado. Es esta una perspectiva ciertamente parcial, ya que no existe ordenamiento jurídico que

---

1 Recuérdese el viejo libro de J. M. GUYAU, *Esquisse d'une morale sans obligation ni sanction* (París, 1884). Pero tales ideas se encuentran hoy muy difundidas; para una crítica de las mismas, véase A. DEL NOCE, *L'epoca della secolarizzazione* (Milán, 1970), cap. VIII.

2 En este sentido cfr. A. VILLANI, *Heidegger e il «problema» del diritto* (Milán, 1958).

3 Véase el último ensayo («Der Spruch des Anaximander») contenido en *Holzwege* (Frankfurt del M., 1950). Sobre ello cfr. B. ROMANO, *Tecnica e giustizia nel pensiero di M. Heidegger* (Milán, 1969).

pueda subsistir sin consentimiento y observancia por parte de los miembros del grupo. Y en todo caso es una perspectiva que falsea las cosas, ya que el *bad man* es precisamente el que niega el derecho o a lo sumo el que se sirve de él para eludirlo. Ahora bien, me parece más bien extraño el que para comprender un fenómeno humano, se elija el punto de vista del que lo rechaza o lo niega. En todo caso, es un hecho que el *bad man*, perseguido por los jueces, es ensalzado por los teóricos del derecho que lo han tomado como guía para explorar la naturaleza del derecho.

Es posible que estos juristas hayan elaborado sus doctrinas bajo la influencia de la filosofía de la fuerza. Ello es cierto al menos por lo que se refiere a Holmes, que era un darwiniano convencido. Pero buscar responsabilidades no es lo que aquí nos interesa. Nos conformamos con constatar que el estudio del derecho desde la perspectiva de la pena aparece hoy como estadio obligado para llegar a captar el fenómeno jurídico en su complejidad. En nuestra opinión, es el camino contrario el que es necesario recorrer: la previa comprensión del derecho es la que nos permitirá comprender el significado jurídico de la pena. Pero sobre este punto volveré enseguida. Por el momento es necesario tomar conciencia de la importancia capital atribuida a la pena por gran número de juristas contemporáneos.

Ahora bien, precisamente la noción jurídica de pena es hoy blanco de los ataques concentrados de los filósofos laicos por una parte y de los teólogos y filósofos cristianos por otra. Los filósofos laicos le acusan de haber sido gravada con significados demasiado altos y demasiado humillantes, de haber sido absorbida por la noción religiosa y moral de castigo, acabando así por presentarse como punición, incluso como purificación, de un pecado y no de un simple delito. Resumiendo, lo que los filósofos denuncian es el equívoco de que una pena puramente social se modele sobre un esquema religioso, adquiriendo así un carácter sacro. Obvio parece resaltar el papel desempeñado en esta denuncia por el iluminismo: los nombres de Beccaria y de Voltaire bastan para darnos idea.

Por el contrario, los filósofos cristianos y los teólogos (sobre todo los actuales) acusan al derecho de haber impuesto su visión del mundo y su esquema organizador a la teología, a la eclesiología y a la moral: Dios concebido como un soberano y un legislador temporal, la Iglesia como un ordenamiento jurídico y la ley moral como una ley heterónoma que prescribe un comportamiento puramente legalista y formalista. El «juridicismo» viene considerado como el gran responsable de la decadencia de la vida religiosa. Al derecho se le acusa especialmente de haber contribuido, en la visión penalizada de que he hablado, a presentar a Dios, el Padre, la *plenitudo charitatis*, como el Gran Juez, el Gran Castigador, «le substitut du bourreau», diría Sartre[4] (lo que haría necesaria la presencia en la tierra de un «gran inquisidor...»).

Estas dos acusaciones no pueden ser en *teoría* ambas verdaderas (sin embargo podrían ser ambas falsas): si es la religión la que ha deformado al derecho, el derecho no puede ser considerado responsable de la deformación de la religión, y viceversa. Pero la lógica de la incompatibilidad no expresa fielmente el movimiento de la historia y de la existencia, en el cual las cosas son *perplexae el permixtae*, como decía San Agustín. Por un buen número de razones, que no hace al caso enumerar, se puede afirmar que ha existido y existe interacción entre religión y derecho. El problema no estriba por tanto en descargar sobre una o sobre el otro la

4 En *Critique de la raison dialectique* (París, 1960), p. 450.

responsabilidad de aquellas desviaciones, sino más bien de trabajar en un solo frente en la necesaria revisión de este planteamiento *criminalista,* si así puede decirse, del derecho, basado en una mitificación en sentido negativo de la pena.

Nos encontramos en efecto en presencia de dos mitos, los cuales traen su origen conjuntamente de un uso arbitrario de la analogía, que absolutiza el aspecto de la *igualdad,* suprimiendo prácticamente el aspecto de la *diferencia.*

La sacralización de la pena jurídica es la consecuencia de un mito teomórfico: el monarca, la patria, el Estado son concebidos a semejanza de Dios y reciben sus atributos: omnipotencia, infalibilidad, soberanía *superiorem non recognoscens, sacra maiestas*[5]. Sin embargo sería erróneo históricamente creer que en el marco de la civilización que sigue a la aparición del Cristianismo (no pretendo remontarme más atrás), este mito sea propiedad exclusiva de la Edad Media, como creían con buena dosis de ingenuidad y de acritud, los filósofos llamados iluminados del siglo XVIII. En el Medioevo la pena jurídica es sacralizada indiscutiblemente, pero sobre todo cuando se refiere al campo de lo religioso: herejía, sacrilegio, blasfemia, son los delitos que dan lugar a las penas más severas, y donde se manifiesta en el más alto grado la sacralización de la pena. Menos acentuada es en cambio tal sacralización en el ámbito civil, ya que el soberano medieval, pese a estar aureolado por un esplendor sagrado, pese a ser considerado a veces *episcopus in temporalibus,* permanece siempre como inferior y sometido, de derecho, a Dios, por el simple hecho de que se cree en su existencia y el soberano no puede serle considerado igual.

Solo con el nacimiento del Estado moderno aquel mito triunfa plenamente pasando por las tres etapas de la monarquía absoluta, del Estado nacional y del Estado totalitario. La monarquía absoluta equipara el delito contra el soberano (y contra su erario) a los delitos contra Dios. El Estado nacional sacraliza la patria y consiguientemente los delitos contra ella, y las penas que los garantizan. Lo mismo hará el Estado totalitario en favor del régimen. En resumen, con la secularización del Estado no asistimos a una desmitificación de la pena, sino más bien a su mitificación en una diferente dirección. Lo que resulta paradójico solo en apariencia.

La juridicización de lo religioso es por el contrario consecuencia del mito antropomórfico: el mito de la reducción de Dios y de Su palabra al nivel del hombre, de su actividad legislativa y punitiva, aunque se trate de un hombre elevado a la máxima potencia. No es necesario detenerse en este mito actualmente criticado desde diferentes ángulos. Observaré solamente que la juridicización de lo religioso es más peligrosa sí se tiene del derecho una imagen falsa o por lo menos incompleta.

Para liberarse de estos mitos, que en un modo u otro falsean nuestra visión del derecho, creo que resulta necesario captar el *Ur-phänomen* (en el sentido que da a este término Karl Kerényi) del derecho: es decir, no el «fenómeno jurídico originario», sino lo que constituye el «simple» derecho. Me parece en efecto que, visto en su simplicidad constitutiva, el derecho posee el gran mérito —no reconocido por sus detractores— de manifestarnos la existencia en sus caracteres propios y reales. Es lo que intentaré ahora exponer.

---

[5] Véase a este respecto el cap. siguiente.

El testimonio negativo del derecho

Examinado a un primer nivel de profundidad, el derecho nos ofrece el testimonio, quizá el más evidente e innegable, de la verdad de la tan aguda proposición de Enrico Castelli: «la pena de la inocencia perdida es la pérdida del sentido mismo de la inocencia»[6].

Todo en el derecho atestigua la pérdida de la inocencia. Es ciertamente difícil dar una definición exacta de la inocencia, ya que al haberla perdido, hemos perdido incluso su sentido pleno y definitivo. Nos queda de ella sin embargo (para usar una célebre expresión de San Agustín) *umbra et imago quaedam*, que nos permite dar, *per speculum in aenigmate*, una representación o más bien una «figura» de aquélla. La «buena fe» de que habla Raimundo Panikkar[7] en términos tan incisivos, aquella buena fe que no duda, que no se defiende o que se defiende solo con su debilidad, es probablemente la manifestación más fiel que la existencia conserva de la inocencia. No pretendo por tanto captar la inocencia en su plenitud: me basta con evocar su imagen atribuyéndole los caracteres de la buena fe (no dudar, ser incapaz de defenderse o defenderse solo con su debilidad), añadiéndole tres ulteriores y específicos caracteres.

La inocencia es, antes que nada, «fianza». (Empleo este término anticuado para evitar las palabras *fe* y *fiducia* que no expresan completamente mi pensamiento). Y ello en dos aspectos interdependientes: la inocencia en efecto «se fía de los otros» (es decir concede crédito a los otros, *praestat fidem*) e «se confía en los otros» (es decir, se da a los otros *cum fide* en ellos). Es un doble movimiento inseparable que liga al sujeto y a los otros recíprocamente: en la situación de inocencia el sujeto se fía de los otros porque los considera inocentes; se confía en los otros porque su propia inocencia le basta (*sola fides sufficit*). Siendo «fianza» en el doble significado que he indicado brevemente, la inocencia no teme nada ni a nadie, y por tanto no toma garantías; la misma idea de una garantía le es completamente extraña.

En segundo lugar, la inocencia es libertad. Esta afirmación en sí misma trivial nos ayuda sin embargo a comprender toda la falsedad latente en el empleo cotidiano de la palabra inocencia. En efecto, habitualmente consideramos inocentes por excelencia a los niños, a los que en cambio sería más exacto juzgar como no-imputables. Nada hay menos libre que un niño, y precisamente en el sentido que el psicoanálisis de Freud a M. Klein nos ha revelado, y que San Agustín ya había muy bien comprendido al descubrir la presencia y la obra del mal en el niño. La libertad de la inocencia (que los «inocentes» existentes nos esconden) se desvela ante nosotros en su plenitud, y en su imposibilidad existencial a través de la meditación del célebre precepto agustiniano: *ama et quod vis fac*. En efecto, en el caso de la inocencia es precisamente la «fianza» la que permite aquella libertad que en otra situación existencial está asegurada por el amor.

En tercer lugar, la inocencia estriba en obrar con facilidad, sin esfuerzo: precisamente porque es libertad y «fianza», porque no se interroga ni duda. La facilidad (y por tanto, con ella, la inocencia) excluye el esfuerzo, el cuidado, la atención; no porque los condene, sino porque no tiene necesidad de ellos, porque los ignora, siendo siempre y en todas partes lo que debe ser.

---

6 En *Il mito della pena* (Roma, 1967), p. 14.

7 Cfr. «La foi, dimension constitutive de l'homme» en *Mito e fede* a c. de E. CASTELLI (Padua, 1966), pp. 39-44.

Para dar una idea completa de la inocencia, se debería indiscutiblemente desarrollar un análisis más profundo. Pero los puntos que he resaltado me parecen suficientes para el fin que me propongo, que es el de comparar la inocencia con el derecho para comprender a este en su simplicidad.

Me parece por tanto de una evidencia absoluta que el derecho se encuentra situado en un plano totalmente distinto. Se me podría objetar sin embargo que he construido la idea de la inocencia partiendo del derecho, dotándola de todo aquello de que carece el derecho. No tengo ninguna dificultad en aceptar esta objeción, porque me parece que el movimiento con el que nos acercamos a lo «perdido» (y como nos enseña nuestra experiencia personal, si hay algo perdido en la existencia es precisamente la inocencia) o a lo transcendente, es un movimiento que va de lo negativo a lo positivo, cuando no se detiene incluso en lo negativo.

Pero volvamos al derecho. Para juzgar mejor la distancia existente entre derecho e inocencia, quisiera antes que nada recordar una especialidad del lenguaje jurídico respecto al lenguaje común: el sustantivo posee la primacía sobre el verbo. En efecto, se dice: hacer una *cesión*, y no ceder; contraer una *deuda*, y no endeudarse; presentar una *prueba* y no probar, etc. Naturalmente el lenguaje jurídico emplea también los verbos, pero estos obtienen su significado técnico exacto del sustantivo. Del verbo se vuelve siempre al sustantivo.

Yo diría que esto se debe al hecho que el sustantivo posee una capacidad de cristalizar la tipicidad de la acción que no tiene el verbo, porque este expresa una más vasta pluralidad de posibilidades El sustantivo se define netamente, el verbo es polisignificante; el sustantivo es más cerrado, el verbo más abierto[8]. Esto no es más que un ejemplo, pequeño pero sintomático, de que el derecho exige que la acción sea lo más definida posible, que se manifieste típica, sin excepciones que no sean a su vez previstas y tipificadas, y que la acción venga encerrada en una forma dentro de la cual deba modelarse la voluntad que la inspira.

El derecho por tanto tiende claramente hacia lo «cerrado», en el sentido de *definido*[9]. Es el dominio de la intención, de la voluntad y de la acción *formalizadas*. He aquí dos proposiciones que pueden escandalizar a los filósofos de lo «abierto» y de la libertad, a los teólogos del amor, pero que ningún jurista ni siquiera de los más antiformalistas (entre los cuales me encuentro) pondría en duda ya que expresan la forma de ser específica del derecho. Veremos más adelante la razón de ello.

Continuemos ahora nuestro análisis comparando rápidamente inocencia y derecho. El derecho no es ciertamente «fianza»: en la actividad jurídica, en efecto no nos fiamos de los otros, ni confiamos en ellos. Al contrario nos precavemos, nos aseguramos mediante garantías respecto de los otros para evitar ser lesionados o lesionar, provocando por tanto una reacción. Lejos del derecho se encuentra la actitud del no defenderse o de defenderse con la sola debilidad; el derecho, se defiende y generalmente se defiende con la fuerza. Naturalmente puede tolerar episódicas renuncias a la defensa, pero aceptar que estas renuncias se generalicen hasta convertirse en regla, significaría para el derecho estar condenado a muerte.

---

8 En su *Journal*, Benjamín Constant afirma siguiendo a Schiller: «les verbes plus animés dans le style que les substantifs, l'aimer plus une action que l'amour». Cfr. CONSTANT, *Oeuvres*, ed. Pléiade (París, 1964), p. 233.

9 En efecto he indicado en el cap. III que, por lo que se refiere a sus sujetos, la relación jurídica es de tipo «abierto», en cuanto no excluye a nadie.

El derecho no es libertad; nos obliga por el contrario aunque no sea más que a someter nuestra voluntad dentro del molde de una forma preestablecida. No es necesario insistir en este punto.

Finalmente el derecho no implica facilidad, ausencia de esfuerzo; por el contrario exige una continua y fatigosa atención, una asidua presencia del espíritu en todo aquello que se hace: una palabra, un gesto o una decisión espontáneas pueden sacarnos del refugio de aquella forma que como una armadura nos protegía contra los golpes ajenos.

En pocas palabras: considerado globalmente, el derecho es el producto del ejercicio de la razón en cuanto cálculo, previsión y organización. Por emplear el lenguaje clásico, la virtud que mejor le conviene es la virtud de la prudencia. Se podría incluso decir que el derecho representa el mayor esfuerzo de este tipo de razón y de este tipo de virtud en el campo de la praxis.

¿Debemos concluir por tanto que el derecho es desconfianza, servidumbre y esfuerzo? Estoy dispuesto a admitirlo si se me permite sin embargo indicar que el derecho puede ser también algo más. Desde ahora, por otra parte, es posible conducir nuestro análisis a un segundo nivel de profundidad. En efecto, si el derecho es desconfianza no se dirige exclusivamente contra los otros, sino también contra nosotros mismos. Recordemos la célebre definición romana de la justicia: *constans et perpetua voluntas ius suum cuique tribuendi.* Ahora bien, esta voluntad constante, si no perpetua, el derecho la exige no solo de los otros sino también de mí mismo, porque no desconfía de los *otros,* sino del hombre. Cuando dejo herederos de mis bienes a mi mujer o a mis hijos o a una obra de beneficencia, cuando les reconozco formalmente derechos, no hago otra cosa que proteger mi actual voluntad de amor o de caridad, de mi posible inconstancia, admito desde el principio que todo aquello que existe de más bello y de más puro en la vida puede desvanecerse. Se trata siempre de desconfianza, pero de una desconfianza saludable, porque no me perdona ni siquiera a mí mismo.

Así la servidumbre y el esfuerzo en los que se expresa el derecho, no son una triste herencia que me corresponda a mí solo, sino el destino común que hace iguales a todos los hombres entre sí. Es siempre servidumbre, esfuerzo sin duda, pero una servidumbre y un esfuerzo comunes que no dan lugar a privilegios y que atestiguan la plena participación de todos en el mismo destino. Es precisamente gracias a esta generalización de la desconfianza, de la servidumbre y del esfuerzo realizado por el derecho, que este nos ofrece el testimonio evidente de un primer y fundamental aspecto de la existencia: su falta de inocencia.

El testimonio positivo del derecho

En este marco podemos tomar conciencia ahora de lo que constituye el derecho en su «simplicidad». Una humanidad privada de inocencia, es decir una humanidad que no puede fiarse, amar con toda libertad, obrar sin esfuerzo y sin atención, exige, para poder subsistir la coordinación de sus acciones. He aquí a mi juicio el *Ur phänomen* del derecho. Ahora bien, la coordinación implica reglas, tipificación y formalización de la voluntad, las cuales no son otra cosa que medios para proteger y garantizar la existencia. Pero estas garantías exigen a su vez ser garantizadas: la pena es la garantía extrema de todo sistema jurídico, que sin este «mecanismo adicional»[10] quedaría vacilante.

---

[10] Así la definen acertadamente BERGER y LUCKMANN, en *La realtà come costruzione sociale* (Bolonia, 1969), p. 88.

La pena no es por tanto la piedra de escándalo del derecho, sino por el contrario su clave de bóveda; en efecto, ella une en la cúspide las pilastras (para consolidar su estabilidad) que constituyen el edificio de garantías que una humanidad desprovista de inocencia está obligada a construirse. La pena existe por tanto solo porque existe el pecado. Lejos de representar el símbolo de la *sacra maiestas* del hombre, le recuerda a este su condición pecaminosa.

La pena permite ver de la forma más clara que el derecho se inserta totalmente en el horizonte de la «pena del pecado», es decir, en el horizonte de la humana condición de falibilidad y de límite. En efecto, evidencia la insuficiencia quizá más grave de la existencia: la imposibilidad de fiarse de aquéllos (los otros y nosotros mismos) o de confiar en aquéllos (los otros y nosotros mismos) que sin embargo queremos amar; la imposibilidad de esperar de su actividad autónoma y espontánea la acción justa o el arrepentimiento de la acción injusta.

Pese a la repulsa instintiva y sentimental que puede inspirarnos la pena, habría que agradecerle la luz implacable y desmitificadora que arroja sobre la existencia. Por otra parte quizá no se equivoca la compasión cuando se trata no de actuar sino de *vernos*, de hacernos perfectamente transparentes a nosotros mismos, de conocernos. No existe una técnica de la amabilidad, nos advierte Enrico Castelli[11]. Estoy de acuerdo con él: en todo caso el derecho no lo es. Pero le reconocería a este de buen grado el mérito de ser una técnica del desencanto.

Todo lo que he dicho parece conducir a la conclusión de que el derecho constituye la más radical antítesis de la inocencia. No lo creo en absoluto. En mi opinión, si el derecho se inserta en el horizonte de la «pena del pecado», no lleva exclusivamente el sello del «pecado de la pena»[12]. Sin duda el hombre tiene la *posibilidad* de imprimírselo, y en el curso de la historia lo ha hecho a menudo, siempre que ha erigido la pena a terrible expresión de su mítica *sacra maiestas*. Pero el pecado de la pena no pertenece a la esencia, a la simplicidad constitutiva del derecho.

El hecho es que la inocencia, perdida en cuanto *status*, permanece sin embargo presente en la existencia en cuanto imagen inquietante, en cuanto aspiración ineliminable, antes aun que se la pueda advertir como deber. Es precisamente lo que nos muestra el derecho con su estructura, sí, haciendo un ulterior esfuerzo para mejor comprenderlo, lo examinamos a un tercer nivel de profundidad. Todo aquel pesado y complicado sistema de normas, de formas, y finalmente de sanciones y de penas, todo aquel sistema «cerrado» ¿para qué sirve sino para permitir abrirnos? Toda aquella desconfianza, aquella servidumbre, aquella atención fatigosa, ¿para qué sirven sino para establecer en *cuanto sea posible* la «fianza», la libertad, la facilidad cuyo valor nos hace sentir la imagen de la inocencia, presente pese a todo en nosotros? Cuando hemos establecido nuestros derechos y deberes recíprocos, volvemos a encontrar un cierto grado de «fianza»; al amparo de las leyes y de las penas volvemos a encontrar un cierto grado de libertad y de facilidad y una posibilidad de apertura hacia los otros, incluso hacia los extraños.

Con la desconfianza por tanto el derecho asegura la «fianza», con la servidumbre la libertad, con el esfuerzo la facilidad, demostrando así que está al servicio

---

11 Cfr. *Il mito della pena*, cit., p. 16.
12 CASTELLI, op. cit., p. 14.

de la inocencia, demostrando que su fin es la inocencia[13]. Si el derecho no es una imposible técnica *de la* amabilidad, es sin embargo una técnica *para* la amabilidad, ya que el desencanto que produce no es un fin en sí mismo, sino el medio gracias al cual se recupera la inocencia *posible.*

Pero el derecho no solo se encuentra al servicio de la inocencia, atestigua también que sin un cierto grado de inocencia la coordinación de las acciones y por tanto la existencia no es posible. La buena fe es necesaria, aunque no suficiente, para la vida contractual: para poderse obligar a los otros, es necesario ser libre y no atado. Buena fe, buen padre de familia, buen administrador, voluntad libre... todas estas fórmulas no son como a menudo se creé injertos extraños al derecho que un lenguaje más riguroso podría eliminar. Por el contrario expresan el lazo profundo e ineliminable del derecho con la inocencia. Tanto si la sirve como si la exige, el derecho reconoce siempre a la inocencia como superior a sí mismo.

Podemos ahora comprender en su integridad el testimonio que el derecho nos ofrece de la existencia en su verdadera realidad: de un lado inocencia perdida, de otro presencia de la inocencia como fin y como criterio de la acción. Es esta dualidad de ausencia-presencia de la inocencia la que caracteriza tanto al derecho como a la misma vida humana en general.

Respetando fielmente esta dualidad —es decir evitando caer bien en la ingenuidad, bien en la pura desconfianza— el derecho no hace más que respetar su esencia profunda. Para que esto sea posible, es necesario sin embargo que la pena jurídica no sea configurada a manera de un juicio de Dios, sino que permanezca al servicio de la inocencia, como doncella humilde y sufrida que intenta darle seguridad y le permite manifestarse. Es necesario que la pena sea considerada por los hombres como una ocasión, una posibilidad (jamás como una imposición) de recuperar la inocencia en la existencia decaída.

[13] Agudamente ha escrito Montesquieu: «Il faut dans les lois une certaine candeur. Faites pour punir la méchanceté des hommes elles doivent avoir elles-mêmes la plus grande innocence» (*Esprit des lois,* XXIX, 16).

VI.

EL NOMBRE DE DIOS EN EL LENGUAJE JURÍDICO

Límites y método de la investigación

En el lenguaje jurídico de algunas culturas y de algunas civilizaciones, el nombre de Dios, y más en general, las fórmulas religiosas, se repiten con frecuencia e incluso son constantemente utilizadas. Es un hecho harto conocido que no parece plantear problemas hermenéuticos especialmente graves ni a los juristas ni a los historiadores, que pueden ofrecernos una explicación de orden general del siguiente tipo: se trata de épocas y de culturas históricas dominadas por el espíritu religioso y por una concepción teocéntrica del mundo, que dan lugar a una mentalidad sacralizante y a una civilización sacralizada. En semejante contexto aparece completamente normal, no solo que el derecho encuentre su fundamento y su inspiración en las creencias religiosas, sino que incluso el lenguaje y la terminología jurídicos reflejen en sus fórmulas esta presencia dominante de lo «religioso». Sería más bien lo contrario lo que aparecería como extraño y anormal, ya que el derecho —en sus reglas de comportamiento como en su lenguaje— va siempre unido a la cultura y a la civilización de su tiempo.

No pretendo en absoluto poner en duda esta interpretación general, que por otra parte me parece en gran medida válida, ni profundizarla. Semejante tarea me parece que corresponde, con mayor razón, bien al historiador o al filósofo de la religión, bien al etnólogo o al sociólogo.

El problema sobre el cual quisiera atraer aquí la atención se encuentra estrictamente limitado y no contradice en absoluto la tesis general que acabamos de recordar; por el contrario puede quizá proporcionarnos la ocasión de completarla con algunas indicaciones colaterales.

En realidad, si la presencia de fórmulas religiosas en el lenguaje jurídico se explica perfectamente por razones de orden general, ello no impide en absoluto plantear una pregunta posterior: ¿cuál es el *significado* de tales fórmulas? Lo que quisiera intentar aquí es por tanto una hermenéutica de la terminología jurídico-religiosa, hermenéutica que, lejos de aparecer inútil para una interpretación general de la influencia religiosa sobre el derecho, es solicitada por esta.

Precisados así los límites de la presente investigación, aparece claro que no debemos ocuparnos del problema, por otro lado tan interesante, del significado de la simbiosis, si se me permite el término, de determinados actos rituales religiosos con determinados actos o situaciones jurídicas. La oración al «Dios de los ejércitos» antes de la batalla, la invocación al Dios de la justicia antes de las ordalías, la oración de agradecimiento después de la victoria, la oración por los gobernantes, los ritos por la fundación de una ciudad o de un edificio público, no son más que los ejemplos más conocidos de numerosos actos litúrgicos que acompañan a la vida jurídico-social en sus diferentes aspectos, más o menos relevantes, y marcan en términos religiosos el ritmo profano. Se trata de un tema fascinante, aunque no sea más que en el plano estrictamente intelectual del estudio del encuentro entre dos *ritualismos:* el de la religión y el del derecho. El tema superaría sin embargo con mucho los límites de la presente investigación, ya que se refiere más al problema general de la presencia de lo «religioso» en la vida jurídico-social, que al especial del significado de las fórmulas religiosas en el lenguaje jurídico. ¿En qué sentido y con qué fin es invocado el nombre de Dios en este o aquel acto jurídico? ¿Cuál es el mensaje cultural de tales fórmulas incluidas *en el interior* de un acto jurídico? Es este el problema que aquí pretendo afrontar.

No tengo ciertamente la pretensión de agotar un tema que, si bien limitado en el plano teórico, se presenta como de enorme amplitud en el plano fenomenológico. El formulario jurídico-religioso varía en efecto de tal modo, según las estructuras sociales, las concepciones religiosas, y las épocas históricas, que sería en verdad temerario intentar una interpretación general. Me propongo por esto simplemente poner de relieve los principios metódicos e indicar sumariamente algunas líneas de interpretación general, válidas para nuestra civilización occidental cristiana y post-cristiana, esperando que ellas sirvan también para otras experiencias culturales.

Para interpretar correctamente un fenómeno cultural como el de la terminología jurídico-religiosa en el que se condensan influencias tan importantes y diferentes como las de lo religioso, lo jurídico y lo social, creo que convenga recurrir a un método complejo. El método a mi modo de ver más ventajoso es el de recurrir a dos vías de análisis que designaré: *análisis de la presencia y análisis de la ausencia* de las fórmulas religiosas. Obvio subrayar la analogía con el método baconiano de las *tabulae* (*presentiae* y *absentiae*). Aparte de ello, en un plano más específico, es necesario llegar a alcanzar una interpretación unitaria del texto, conectando el significado propiamente religioso de la fórmula y el significado jurídico del documento en que aquélla se encuentra inserta.

Por lo que se refiere a las dos vías de análisis, la necesidad de la primera es tan evidente que no necesita justificación. La utilidad de la segunda vía exige sin embargo cierta aclaración. La presencia de fórmulas religiosas en el lenguaje jurídico atestigua —como ya se ha dicho y como se verá mejor a continuación— la existencia de una concepción del mundo basada en la religión. En cuanto manifiestan tal concepción, cualquiera que sea su valor, no pueden ser consideradas puramente gratuitas. Ellas transmiten *un mensaje cultural.* Por consiguiente, la desaparición de tales fórmulas, en la misma área cultural en que habían estado presentes en otro tiempo, nos plantea el problema no solo de la decadencia, o de la desaparición de la influencia religiosa (desacralización), e incluso de la fe, en esta área, problema que dejaré de lado en cuanto es de orden general, sino también el de lo que ha sustituido a tales fórmulas.

¿Se han colocado en su lugar fórmulas equivalentes? Si la respuesta es negativa, significa no solamente que el mensaje cultural transmitido por las antiguas fórmulas religiosas ha perdido totalmente su significado y su función, sino que no respondía en su raíz a una dimensión esencial del hombre, a cuya influencia el derecho no hubiera podido sustraerse. Si por el contrario la respuesta es positiva, la comparación de las nuevas fórmulas con las antiguas nos permitirá captar mejor el significado y la función de estas así como de aquéllas, y subrayar una exigencia permanente de la vida jurídica.

Los significados de la presencia

Comencemos por el análisis de la presencia. Surge aquí una pregunta previa: ¿el análisis del lenguaje religioso podría sernos de utilidad para interpretar estas fórmulas? ¿Por ejemplo, la distinción general entre *invocación* y *profesión de fe*, empleada por MacKinnon[1], podría ayudarnos a clasificar el material en examen? No sería capaz de negarlo de forma categórica y radical. Creo sin embargo que conviene estar prevenido contra el intento de interpretar estas fórmulas considerándolas en sí mismas, o por lo menos, refiriéndolas principalmente a su significado religioso. En efecto, se trata generalmente de fórmulas sencillísimas, estereotipadas y en apariencia anodinas, como *In nomine sanctae et individuae Trinitatis, In nomine Domini nostri Jesu Christi, Divino afflante Spiritu, Divina favente clementia, Federicus Dei gratia imperator augustus, Louis par la grâce de Dieu roi de France,* etc. ¿Se trata de invocaciones o de profesiones de fe? Muy probablemente de ambas cosas. Y en todo caso, creo que haberlo establecido no nos ayudaría mucho en nuestra investigación. El hecho es que siendo estas fórmulas generalmente estereotipadas —y repitiéndose por tanto sin apreciables variaciones en textos jurídicos muy distintos— no pueden ser correctamente interpretadas sino restituyéndolas al puesto que tenía en el texto del que forman parte. Por otro lado, es regla hermenéutica elemental el no aislar una frase y todavía menos un segmento lingüístico del texto al que pertenecen.

Pero esto permite afirmar que —al menos a un primer nivel de la investigación— es el texto jurídico el que puede explicar el significado de la fórmula religiosa, y no al contrario. Esto no debe alarmar al que se preocupase sobre todo por el aspecto religioso del problema. El texto jurídico, el documento en el que se consignan las normas del derecho (no me refiero por tanto a los textos de ciencia jurídica) es una «escritura», cuya afinidad con una «escritura» religiosa ha sido a menudo subrayada, aunque no haya sido más que para evidenciar las semejanzas o afinidades entre la hermenéutica jurídica y la de los textos religioso. Desde este punto de vista no hay por tanto de qué preocuparse si (repito, a un primer estadio de la investigación), el contexto jurídico prevalece sobre la fórmula religiosa. Esto sirve de otro lado en parte para explicar la indiferencia del jurista por estas fórmulas, que a menudo le parecen de importancia marginal para su labor exegética.

La observación, que hemos hecho incidentalmente de la unión entre «escritura» jurídica y «escritura» religiosa merece ser precisada, ya que nos permitirá enfocar mejor el problema del formulario jurídico-religioso. Entre las dos fórmulas existe una relación de carácter analógico. En efecto muy a menudo (se podría decir

---

1 De este véase «Le problème du système de projection approprié aux affirmations théologiques chrétiennes», en *L'analyse du langage religieux*, a c. de E. CASTELLI, (París-Roma, 1969), pp. 82-84.

casi siempre) las escrituras religiosas presentan junto a un *mensaje* religioso la prescripción de una *ley*, o por lo menos de un vínculo jurídico en el sentido más amplio del término. Lévinas nos lo recuerda en términos muy sugestivos al señalar cómo en la invocación hebraica del nombre de Dios se encuentra implícita la referencia a una obligación, que posee un valor constitutivo (fundante, podría decirse), en cuanto hace de Israel un pueblo: el pueblo de Dios[2]. *A un primer nivel de observación,* cabe establecer la analogía a la que aludía en los siguientes términos: el aspecto de identidad viene representado por el elemento *ley,* que es común, mientras que el aspecto de la diversidad viene representado por el elemento *mensaje* que, a este nivel de observación, aparece ausente en la escritura jurídica.

Sobre la base de esta analogía se puede afirmar que nada hay de extraño en el hecho de que una invocación religiosa se encuentre inserta en un contexto jurídico. Es su aspecto de *ley* el que lo permite, aunque de este modo parece quedar postergado su aspecto de mensaje.

Establecido esto, los aspectos del fenómeno parecen delinearse con bastante claridad. En cuanto contienen normas, reglas de comportamiento, los textos jurídicos poseen obviamente naturaleza normativa, finalidad práctica y no teórica. Se establecen en *función* de una actividad, o más concretamente de una acción, que se trata de reglamentar. La inserción de una fórmula religiosa en los documentos jurídicos no puede alterar su destino: al contrario significa que su función práctica viene transmitida e impresa en la fórmula religiosa. Es por tanto el contexto jurídico el que delimita el horizonte hermenéutico de tales fórmulas.

Evidentemente estas fórmulas no resultan desnaturalizadas por el hecho de tal inserción; continúan siendo un testimonio de lo que se cree, sea en la forma concisa de una invocación, sea en la forma más amplia de una profesión de fe. Este testimonio sin embargo no se manifiesta en forma propia y explícitamente *religiosa,* ni a nivel personal (como en el caso de la oración *gratis gratia facta*) ni a nivel comunitario (como en el caso de la profesión de fe, que constituye el vínculo *interior* de una comunidad religiosa). Es un testimonio que se manifiesta en forma *práctica* y *social.* Este testimonio de creencia y de fe asume su forma en el texto jurídico en relación con los *otros* (y no ya con el *yo* o el *nosotros* de la experiencia religiosa). Esto por otra parte resulta fácil de comprender, ya que si la amistad es el reino del *tú,* del individuo en su singularidad irrepetible, y la caridad el reino del *prójimo,* en el sentido evangélico, del individuo en su calidad de hermano, universalizable por la irradiación de la gracia, el derecho a su vez es precisamente el reino del *otro*[3]. En conclusión, la fórmula religiosa inserta en el texto jurídico, al tener que reflejar la finalidad de este, existe en función de los *otros.* Se trata ahora de establecer en términos más concretos cuál puede ser esta función.

Me parece que se puede afirmar que las fórmulas religiosas desarrollan en general la función de poner de relieve y sobre todo de *garantizar* en forma radical el significado y la finalidad profundas de los diferentes documentos jurídicos. Intentaré demostrarlo a través del siguiente esquema:

a) *Garantía de sinceridad y señal de confianza.* Toda una serie de documentos jurídicos en los que se establecen compromisos (tratados, contratos, juramentos,

---

[2] Cfr. «Le nom de Dieu dans quelques textes talmudiques», en *L'analyse du langage théologique,* cit., p. 162 (y en general p. 156).

[3] Este punto ha sido examinado más ampliamente en el cap. III.

etc.) o declaraciones (testimonios), comienzan con la invocación del nombre de Dios: *In nomine sanctae et individuae Trinitatis, In nomine Domini nostri Jesu Christi,* etc. Con estas fórmulas se quiere garantizar la sinceridad y la buena fe del contrayente o del testigo. En otros términos, esta invocación significa: puesto que invoco el nombre de Dios en el que creo, tú puedes y debes fiarte de lo que digo, puesto que *Dios ve en lo secreto de los corazones.*

b) *Garantía de verdad.* En los documentos notariales que se refieren a actos privados (testamentos, contratos, donaciones, etc.) o públicos (negociaciones, reconocimientos de derechos feudales o comunales, etc.), o cualquier otro documento de notificación, volvemos a encontrar las fórmulas ya señaladas u otras análogas. Por ejemplo, la siguiente: *En nombre de N. S. Jesucristo hacemos saber a todos...* En estos contextos garantizan la verdad objetiva de lo que es consignado por el notario en el documento, su correspondencia al hecho realmente acaecido. La evocación del nombre de Dios coloca al acto en la perspectiva de la verdad, puesto que *Dios es verdad.*

c) *Garantía de cumplimiento.* En los actos que implican una obligación (tratados, contratos, etc.) o una concesión otorgada (libertades, franquicias, exenciones, etc.), la fórmula religiosa tiene la función de evocar la instancia suprema. El que firma manifiesta su voluntad de respetar fielmente su compromiso o su decisión, puesto que reconoce que si lo incumpliera, Dios lo castigaría, puesto que *Dios es juez.*

d) *Garantía de justicia.* Una ley, una ordenanza, un código, son promulgados, un contrato viene estipulado, un juicio manifestado, para establecer lo que *debe* ser hecho, un deber. En semejante contexto, el nombre de Dios —al cual los *proverbios* atribuyen la famosa frase: *Per me... legum conditores iusta decernunt* (8, 16)— representa la garantía de que tal deber posee su fuerza obligatoria no a causa de una imposición material sino de la justicia. Puesto que *Dios es justicia.*

e) *Garantía de autoridad.* Todo acto legislativo (una ley, un decreto) o judicial (una sentencia, una ordenanza) implica la supremacía de alguien al que se considera que tiene la autoridad de mandar o de decidir. Pero ¿cuál es el hombre que en nombre propio posee el derecho de mandar a otro hombre o de decidir acerca de su destino? Las fórmulas *Dei gratia rex o Divina favente clementia imperator,* evocando el nombre de aquel Dios que es considerado *rex regum et dominus dominantium,* establecen la verdadera fuente de toda legítima autoridad. *Per me reges regnant,* afirman nuevamente los *Proverbios* (8, 15). Puesto que *Dios es el Omnipotente.*

f) *Garantía de misericordia y de libertad.* En su *Charta libertatum* del 1225 Enrique III *Dei grada,* rey de Inglaterra, declara haber concedido algunas libertades *intuitu Dei et pro salute animae nostrae... ad exaltadonem sanctae Ecclesiae.* En este documento, como en todas las cartas de libertad, de franquicia, y en particular en las de liberación de los siervos, el nombre de Dios no evoca solamente la idea del juez supremo que garantiza el respeto y la observancia de la concesión, sino todavía más al *Dios misericordioso y liberador.*

Pese a su esquematismo, las breves indicaciones que acabamos de hacer a título de ejemplo me parece que confirman lo que se había afirmado al comienzo, esto es, que el verdadero significado de las fórmulas religiosas no puede establecerse sino sobre la base de una interpretación global del texto jurídico en que se encuentran insertas. Pero nuestra investigación nos ha proporcionado además un resultado posterior y probablemente inesperado: la interpretación global de estos textos jurídicos acaba por mostrarnos el aspecto propiamente religioso de estas fórmulas, que de otro modo, consideradas en sí mismas, habrían permanecido como anodinas.

Ello mueve a profundizar la cuestión de la analogía entre escritura religiosa y escritura jurídica, una primera solución de la cual había sido aceptada provisionalmente al comienzo del presente análisis. Se había dicho que en tal analogía el elemento de la diversidad estaba representado por la ausencia del mensaje religioso en la escritura jurídica. Ahora bien, tal afirmación debe ser ahora corregida. En los textos jurídicos de una época teocéntrica encontramos *también* un mensaje religioso. Con feliz imagen los frescos y las vidrieras medievales han sido designados como una *biblia pauperum.* A su vez los documentos jurídicos podrían ser definidos como un *hymnus laudis* del hombre de acción: Dios es verdad, Dios es misericordioso, Dios es el Omnipotente, Dios es justo, Dios es el juez supremo, Dios es Omnisciente. Tal es el mensaje de alabanza, invocación y al mismo tiempo profesión de fe, que los textos jurídicos nos transmiten como fiel testimonio del espíritu de una época.

¿La analogía entre escritura religiosa y escritura jurídica cede por tanto el paso a una identidad? No se podría en absoluto afirmar. La diversidad no desaparece y la analogía continúa siendo analogía; ella se hace sin embargo más sutil, más difuminada, menos extrínseca. El derecho es una norma, una ley, *diferente* de la ley religiosa. Y va unida a un mensaje religioso formalmente *distinto* de aquél de las escrituras religiosas. Se trata de un mensaje cuya religiosidad es refleja y no originaria, un mensaje que surge de los acontecimientos reales de la vida y no es fuente de vida.

Contemplado desde esta perspectiva, el formulario jurídico-religioso nos ofrece un insospechado testimonio de un aspecto profundo de la existencia. Consideremos en efecto la influencia del mensaje propiamente religioso: el de la fe que traspasa desde lo alto la existencia humana en su integridad y por tanto también la experiencia jurídica y social. Con el poder de su transcendencia, hace al hombre consciente de que sus límites y sus inquietudes son los signos de la vida finalmente completa y satisfecha a la que él anhela en lo profundo. Esta iluminación suscita la respuesta humana: una respuesta desde lo bajo, que se esfuerza por llevar a la perfección cuanto de precioso, incluso en su insuficiencia, posee la existencia: aquel Dios que estando más allá de cualquier determinación, es el Inefable, viene ahora revestido, por decirlo así, de los infinitos «nombres divinos» que el hombre extrae de su experiencia terrena. El lenguaje religioso, que surge de la respuesta existencial a la llamada de lo transcendente, eleva por tanto de un lado (o se esfuerza por elevar) lo terreno hacia lo alto, por otro lado lastra a lo divino de lo que es humano, óntico.

Esto es lo que ocurre en las fórmulas jurídico-religiosas aquí examinadas. Aquello que el hombre advierte que necesita en la experiencia jurídica para satisfacer su aspiración a una relación no perturbada y no perturbable con los otros hombres —verdad, sinceridad, observancia, justicia, misericordia, libertad— es representado en su plenitud evocando el nombre de Dios. De este modo el mensaje religioso encerrado en el lenguaje jurídico atestigua el esfuerzo existencial de purificar y llevar a cumplimiento cuanto existe de incierto y de incompleto. Y sin embargo —pese a la fuerte voluntad, a la exactitud y a la eficiencia a menudo arrogante con que el hombre de acción se complace en revestirse— *el hymnus laudis* del jurista constituye en definitiva un *hymnus pauperis.* El himno cuyas alabanzas expresan la angustia y la esperanza de aquel ser indigente, que es el hombre, perennemente sediento de eternidad y de absoluto.

Bajo la apariencia anodina de estas fórmulas, si se observa profundamente, se descubre por tanto la expresión jurídica de aquella dialéctica entre pesadez e impulso de elevación que constituye quizá el movimiento más profundo y característico de la vida misma.

El otro y el tercero

Las observaciones precedentes intentaban clarificar el significado religioso del formulario objeto del presente estudio. Convendrá ahora profundizar el aspecto más específicamente jurídico del problema. Puestas en relación con su contexto y con la función que desarrollan, estas fórmulas estereotipadas pierden su rigidez y nos descubren su significado práctico. Indiscutiblemente ellas poseen la función de avalar el documento jurídico (ley, contrato, tratado, decreto, etc.) a fin de asegurarle una audiencia más amplia y más sólida. Pero este fin práctico intentan obtenerlo reforzando la credibilidad de estos documentos con una apelación a los valores en ella implícitos y que el nombre de Dios garantiza. Sinceridad, verdad, observancia, justicia, autoridad, misericordia, libertad, etc. He aquí los valores humanos íntimamente ligados a la experiencia jurídica y cuya ausencia desvirtuaría irremisiblemente esta última hasta inmovilizarla y hacerla imposible. Las fórmulas religiosas expresan y garantizan por tanto la exigencia profunda del derecho de conectar, gracias a una especie de osmosis permanente, con los valores humanos.

Ciertamente no se debe olvidar que si las fórmulas religiosas enriquecen con su presencia el documento jurídico, al mismo tiempo se someten al riesgo de ser utilizadas sin escrúpulos para justificar y enmascarar, bajo una apariencia mistificadora, la acción dominadora e incluso depredadora del hombre. Esto es lo que ha ocurrido repetidas veces en el curso de la historia y es lo que siempre podrá suceder, puesto que tal riesgo es el destino al que se encuentran sujetos los valores en el plano de la existencia. Esto sin embargo no puede hacernos olvidar o negar lo que significa esta presencia si se la considera en su verdad y autenticidad.

El haber precisado este profundo significado de la terminología jurídico-religiosa nos permite alcanzar una posterior profundización de la cuestión. En un célebre pasaje de la *Política* (I, 2, 1253 a) Aristóteles afirma que para poder vivir fuera de la *polis* es necesario ser o un Dios o una bestia feroz. No existe, por tanto, más hombre que el que vive sometido a las leyes. Ahora bien, a través del formulario del que nos ocupamos, las civilizaciones de inspiración religiosa nos expresan la profunda convicción de que para vivir bajo las leyes el hombre no se basta a sí mismo, sino que necesita de la continua ayuda de alguien que lo supere. Sin la ayuda de Dios no es posible la confianza, no es posible el compromiso, no es posible la autoridad, no es posible el juicio, no es posible hacer nada *en espíritu de verdad.*

Se trata evidentemente de una convicción esencialmente religiosa que por consiguiente podría ser rechazada por todo aquel que no compartiese el mismo espíritu de religiosidad. Pero, ¿tal convicción no esconde quizá una verdad humana que ninguno puede olvidar? Es lo que veremos enseguida.

Había indicado anteriormente que el derecho constituye el dominio del *otro.* Ha llegado el momento de precisar esta afirmación. A través de todas sus manifestaciones, la experiencia jurídica nos proporciona un elocuente testimonio de la indigencia y de la insuficiencia del hombre *solo:* el derecho es esencialmente organización y protección. Ahora bien, es precisamente a través de la relación con el *otro* (el socio, el asociable) como el derecho intenta atender a la indigencia del individuo. Sin embargo no es posible olvidar la ambigüedad fundamental que caracteriza al *otro*[4]. En cuanto se encuentra constitutivamente colocado aquende el horizonte de la amistad y de la caridad (del prójimo), el *otro* es una realidad de dos caras, capaz de transformarse completamente. Puede presentarse como aquél con el que se establecen relaciones de paz y de colaboración, o bien puede revelársenos como una realidad impermeable a cualquier intento de comprensión: la realidad del enemigo. El *otro* se encuentra sujeto a una especie de juego de transformación pirandelliano, en el cual todos sin excepción permanecemos encerrados, ya que cada uno de nosotros es el *otro* de su vecino: unas veces socio y otras enemigo. La paradoja de la experiencia jurídica se encuentra completamente encerrada en esta situación en la que la misma piedra angular —el *otro*— sobre la que se edifica el derecho y se construye a la vez la morada social del hombre, aparece como un posible punto débil.

La transcendencia de la ley, con la objetividad que encierra, constituye el intento de evitar esta debilidad. Pero aquélla a su vez necesita ser garantizada[5], por esto la aparición del nombre de Dios en el seno mismo de esta operación de consolidación, siempre amenazada de ruina, introduce el elemento catalizador necesario. En el juego a dos intérpretes que sucesivamente se cambian el papel del *otro* como *enemigo,* el nombre de Dios introduce la presencia del *tercero*[6]. La presencia del tercero permite a cada uno de los dos observar cómo el rostro luminoso, que en su autocomplacencia él se atribuye, se transforma en el rostro amenazador, por no decir repelente, que su vecino le atribuye. La evocación de la presencia de Dios, este tercero que supera infinitamente a las dos partes en cuestión y que al mismo tiempo los une entre sí, es evocación del único que puede restablecer la igualdad de ellas. Solamente en presencia de este tercero que observa será posible fiarse, obedecer, mandar, ser justos, en resumen, vivir una vida humana. En la sumisión a Dios, en el impulso hacia Él, todos son igualmente pobres, todos son igualmente ricos, ninguno puede ser enemigo.

He aquí el significado profundo de la terminología jurídico-religiosa: desea expresar la necesidad de sustraer el derecho y con él la vida social a la posibilidad continua de aquella inversión radical a la cual, en el plano puramente óntico del *Dasein*, el *otro* aparece condenado.

Si este es el mensaje que he considerado que se podía descifrar en la presencia aparentemente anodina de este formulario aparentemente estereotipado, ¿qué nos ofrecerá el análisis de la ausencia? ¿Nos confirmará o no aquella necesidad del derecho de edificarse sobre un *tercero* que sea el fundamento de la autenticidad del *otro,* y al mismo tiempo de los valores humanos?

El significado de la ausencia

Intentemos ahora bosquejar las grandes líneas de un *análisis de la ausencia* siguiendo el camino de la historia. Resulta superfluo subrayar que el nombre de Dios no desaparece de improviso y totalmente del lenguaje jurídico: la historia no conoce

---

4 Véase sobre esto el cap. III.

5 Cfr. antes los caps. I y II.

6 Sobre la aparición del tercero que «perfecciona la institucionalización» de la relación, véase BERGER y LUCKMANN, *La realtà come costruzione sociale,* cit. p. 92-93.

tales fisuras. Permanece, pero su presencia disminuye, su profundo significado se debilita, hasta el punto de sonar casi falso a medida que la civilización se seculariza y la vida jurídica y social intenta apoyarse sobre bases distintas de la religiosa.

Se trata de una evolución lenta y gradual, en el curso de la cual aparece un nuevo protagonista —el Príncipe— aunque inserto en un cuadro simbólico que continúa siendo en gran parte el mismo. A los *arcana ecclesiae* suceden los *arcana imperii*, como ha observado E. H. Kantorowicz[7]: el misterio que rodeaba al Dios inefable, su plan providencial sobre el mundo y que se reflejaba en su Iglesia, rodea ahora al Príncipe y sus planes de poder y se refleja en su cancillería. No ya en nombre de Dios, sino en su propio nombre, el Príncipe —que ha dejado de ser «vicario» de Dios, aunque fuese *in temporalibus*— establece y promulga las leyes o las ordenanzas y ejercita el poder de mando; y en nombre del Príncipe son pronunciadas y ejecutadas las sentencias. «En nombre del Rey», «por orden del Rey», «*cy veult le Roy*», son actualmente las fórmulas que dominan el lenguaje jurídico.

En la monarquía absoluta, el Príncipe ha ocupado hasta tal punto el puesto de Dios que él es ahora la fuente de las gracias: *Sa gracieuse Majesté, His Grace the King*. Los rígidos vínculos sinalagmáticos y funcionales del contrato de vasallaje de la época feudal son definitivamente rotos. Todo cuanto procede del Príncipe, que ha sido divinizado, es gracia: honores, privilegios, cargos, perdón de impuestos o de penas. Los delitos contra su sagrada persona son considerados sacrilegios y castigados como tales. El rey sin embargo se encuentra ligado aún a la divinidad por un vínculo tenue pero esencial. Si todo se hace en nombre del rey, si él es la fuente luminosa de las gracias, en definitiva sin embargo no es rey por su voluntad, sino todavía «por la gracia de Dios». Es fuente de gracias, porque es considerado el elegido de la Gracia.

Sin embargo, en este momento esta gracia divina ha sido naturalizada y secularizada por completo. Estriba tan solo en el nombre que sirve para ocultar y divinizar el caso fortuito de aquel nacimiento «en la púrpura» (como decían los bizantinos), de la que únicamente obtiene el Príncipe la totalidad del poder y su omnipotencia. El Dios de la gracia se encuentra presente en el lenguaje jurídico tan solo para justificar sacralmente el hecho, sin duda misterioso pero completamente natural, del nacimiento en una determinada familia.

Resulta inútil subrayar cómo a largo plazo tal situación resulta insostenible (y en efecto apenas dura dos siglos: el XVII y el XVIII). El Rey absoluto se presenta como un Dios, pero en realidad constituye su falsificación[8], su gracia no satisface, porque no puede satisfacer, ya que es *fons honorum*, y no *fons vitae*. La encarnación de la omnipotencia en un hombre, no obstante la pompa sagrada que lo rodea, no puede resistir al espíritu crítico. El Rey es ciertamente una persona, a imitación del Dios personal de los cristianos, pero a causa de su empiricidad, no es el Todo infinito y no puede por tanto ser el Omnipotente. La situación es propicia para la entrada de un nuevo protagonista en la escena: la Naturaleza, el Ser supremo.

---

7 Cfr. *Mysteries of State: An Absolutist Concept and its Late Medieval Origins*, en «Harvard Theological Review», 48, 1955, pp. 65-91.

8 Cualesquiera que puedan ser nuestras simpatías, el valor histórico innegable de un Bossuet, el teólogo de la monarquía absoluta, consiste precisamente en el esfuerzo de convertir la *falsificación* en la *imitación (imitatio Dei)*. El rey debe mostrarse con sus acciones digno del «signo» misterioso de su nacimiento.

En efecto, es en nombre de la Naturaleza en el que, en 1776, los «representantives of the good people of Virginia» declaran que todos los hombres son igualmente libres e independientes: «all men are by nature equally free and independent, and have certain inherent rigths». Y «en présence et sous les auspices de l'Etre súprême» los «representants du Peuple français» en 1789 enuncian: «les droits naturels, inaliénables et sacrés de l'homme».

Del nombre de un hombre, el rey en persona, se vuelve al nombre de una entidad en algún modo transhumana, de un individuo se vuelve nuevamente a un principio. ¿Se trata de la reanudación de un vínculo con el pasado, de un retorno a la tradición, o es un nuevo comienzo? Pese a la identidad externa de una cierta terminología (la del derecho natural), me parece innegable que se trata de un nuevo comienzo, que sin embargo surge del fondo permanente del ser humano. El Ser supremo es la Naturaleza, la Naturaleza es el Ser supremo: *the God of Nature* lo llama la Declaración de independencia de los Estados Unidos (1776): no se podría ser más exactos. No cabe por tanto confusión posible con el Dios de Abraham, de Isaac y de los profetas, como decía Pascal.

La Naturaleza (el Ser supremo) aparece sin duda como un *todo*, al cual parece por tanto posible atribuir la omnipotencia, la capacidad originaria de legislar y de mandar. Pero se trata de un *todo* puramente intelectual y abstracto, pálido y exangüe como un fantasma, pese a las apasionadas evocaciones de Rousseau. He aquí la razón principal de su breve presencia en escena (dos o tres decenios a lo sumo) y de su desaparición bajo el impulso de otro protagonista impaciente por imponer su impetuosidad vital: el Pueblo, la Nación.

Se es rey —si es que aún existe un rey— «por voluntad de la Nación» o «del Pueblo», como dicen los plebiscitos de los dos Napoleones en Francia y de Víctor Manuel II en Italia. Por tanto, «todos los poderes emanan de la Nación», como declara la constitución monárquica belga de 1831 (art. 25). Y es «en nombre del pueblo francés» en el que la Asamblea nacional de 1848 proclama la República. Pueblo, Nación: las nuevas divinidades terrestres, las totalidades encamadas finalmente, se piensa, en la historia laboriosa de los hombres, en su conmovida memoria, así como en su carne y en su sangre. El hecho ha sido captado magníficamente por Proudhon: «le peuple, dans le vague de sa pensée, se contemple comme une gigantesque et *mystérieuse* existence, et tout dans son langage semble fait pour l'entretenir dans l'opinion de son indivisible unitè... Son ideal, son reve le plus délectable, est unité, identité, uniformité, concentration: il maudit comme attentatoire *à sa Majesté* tout ce qui peut partager sa volontè, couper sa masse, créer en lui diversité, pluralité, divergence»[9].

Pero todavía no han acabado las encarnaciones del *gran todo*. ¡Cuántos protagonistas se suceden para representar este papel, y cada vez más rápidamente, una vez que el Uno se ha retirado al fondo de la escena! Todavía no se han asegurado en el trono el Pueblo, la Nación, y ya una nueva totalidad los niega, declarándose más concreta y encarnada: la clase. Su lucha durará casi un siglo, pero finalmente el lenguaje jurídico registrará el nombre de la nueva divinidad. La constitución de la Repú-

9 *Du principe fédératif* (París, 1959), p. 343. Son numerosos los pasajes en los que Proudhon capta este proceso de divinización de las entidades políticas, criticando tanto al Estado que quiere «faire office de Dieu» (*De la justice*, París, 1932, vol. I, p. 375), como las pretensiones exorbitantes de la sociedad que olvida estar «toujours au-dessous de l'adoration» (*Philosophie du progrès*, Paris, 1944, p. 73).

blica socialista soviética rusa de 1918 deriva su autoridad de la «clase obrera explotada», y la constitución soviética actual declara que «todo el poder de la U. R. S. S. pertenece a los trabajadores de la ciudad y del campo» (art. 3). Pero la clase no es más que un *todo* provisional, dado que es el medio para alcanzar un mundo sin clases. Y por otra parte, también durante el período provisional de su soberanía, ¿no es quizá un *roi fainéant* sometido a su «vanguardia», a su vez sujeta a la violencia de las «diques» que fatalmente, casi se atrevería uno a decir, le confiscan el poder?

En este movimiento sin reposo, en que el nuevo protagonista comparece en escena solo para desaparecer inmediatamente, se llega finalmente al puro y simple retorno a la ley: el retorno a la *legalidad socialista* constituye el más claro testimonio. En el fondo, se trata del resurgir de la idea kantiana del reino de la ley. Turbados por la perpetua *destructio destructionum* a que hemos hecho referencia, los juristas contemporáneos han acabado por aferrarse desesperadamente a este principio puramente formal, de tal modo que los documentos jurídicos actuales no hacen sino volver continuamente a la ley. Todo se hace en nombre y en virtud de la ley, el derecho se justifica con la ley. (Si no se trata de una pura tautología ¿no es quizá lo contrario lo que debería suceder? Pasémoslo por alto). Sea como fuere, la ley puede presentarse como la última instancia solamente si soslaya plantear la pregunta siguiente: ¿sobre qué se funda la ley?

Nuestra investigación terminológica debería detenerse aquí, ya que de otro modo correría el riesgo de superar con mucho sus límites. El análisis de la ausencia nos demuestra con suficiente claridad —me parece— que la desaparición del nombre de Dios del lenguaje jurídico ha dejado un gran vacío, del que los hombres no han creído poder desentenderse. Han intentado llenarlo fatigosamente una y otra vez con el nombre de nuevas totalidades siempre distintas: el Rey, la Naturaleza, la Nación, el Pueblo, la Clase, la Ley.

Examinada en profundidad, me parece que la experiencia jurídica nos indica que cuando el hombre alcanza a calibrar las manifestaciones primarias y esenciales —el ordenar, el mandar— de aquel *kosmos* que es el derecho, acaba por reconocer su insuficiencia. A este nivel, el hombre advierte que no puede ordenar las actividades humanas ni mandar a otro hombre *en nombre propio,* sino que debe recurrir a algo que lo supere, a una totalidad, que por sí sola sea capaz de fijar al *otro* en su aspecto de *socio,* impidiéndole transformarse en el *otro* como *enemigo.*

Pero un *todo* que permanezca enteramente encerrado en el horizonte óntico se encuentra a su vez sometido al mismo riesgo de inversión. De garantía de paz entre los *otros* que nosotros somos, puede transformarse en una hipostatización del *otro-enemigo* al amparo de una apariencia mistificadora. La ininterrumpida inversión del *todo* precedente, a la que la historia nos hace asistir, constituye la demostración más evidente de ello. No hay más que un *todo* que no se encuentra sometido a inversión y es el Dios vivo, «adorado en espíritu y en verdad».

¿Debemos por tanto propugnar la vuelta a las antiguas fórmulas religiosas? Nada más lejos de mi intención. No solo nuestra mentalidad, sino muy probablemente nuestra espiritualidad se opondría a ello. Sin embargo, el mensaje profundo que el antiguo formulario jurídico-religioso nos ha transmitido no debe ser olvidado. Si es cierto que nuestra ruidosa y vociferante época no necesita palabras, sino más bien silencio y meditación, ¿no convendrá entonces acompañar la experiencia jurídica, en sus manifestaciones concretas, de la invocación silenciosa a aquel Dios que es el único que puede garantizarla y purificarla elevándola hacia lo alto?

ITINERARIOS HUMANOS DEL DERECHO,
de SERGIO COTTA, se imprimió
en la República Argentina en octubre de 2019.

Made in the USA
Monee, IL
18 October 2026

66035476R00060